LICHTWELTVERLAG
WIEN

JAHN J KASSL

DIE GROSSE ZEIT IST GEKOMMEN

EDITION
MEISTER
DIALOGE

DIE GROSSE ZEIT IST GEKOMMEN

GESPRÄCHE **JAHN J KASSL** MIT
UND BOTSCHAFTEN VON

ASANA MAHATARI
BABAJI
ERZENGEL MICHAEL
ERZENGEL GABRIEL
GOTT
SANANDA

JULI 2014 — JULI 2015

1. Auflage 2015

Lichtweltverlag JJK OG, Albertgasse 49/13+14, A-1080 Wien
E-Mail: office@lichtweltverlag.com
Telefon +43 (1) 944 65 09
Telefax +43 (1) 253 30 33 1750

www.lichtweltverlag.com

 Gestaltung und Satz: Jens Schnabel, München. Gesetzt aus Gotham und Didot von Hoefler & Co.

Druck + Gesamtherstellung: Druckerei Janetschek GmbH, Heidenreichstein, Waldviertel, UW-Nr. 637. Gedruckt in Österreich nach der Richtlinie „Druckerzeugnisse" des Österreichischen Umweltzeichens, auf dem FSC-zertifizierten Papier Munken Print Cream, chlorfrei gebleicht, aus nachhaltig bewirtschafteten Wäldern und kontrollierten Quellen.

FSC
www.fsc.org
MIX
Papier aus verantwortungsvollen Quellen
FSC® C001924

ISBN 978-3-9502852-8-4

Bleibt ihr in der Klärung stehen oder beginnt ihr
zu früh mit bestimmten Fähigkeiten, die sich
bei euch bereits abzeichnen, die jedoch
noch nicht ausgereift sind, zu hantieren,
zieht ihr das Unheil an. Denn die Halbwissenden
oder Halberleuchteten sind für die trägen Kräfte
aus den unterschiedlichen Ebenen des Seins
willkommene Informationsträger.

SANANDA

INHALT

VORWORT DES AUTORS

Geschätzte Leser!

»Die Große Zeit ist gekommen« (SANANDA): In diesem umfassenden Werk, dass Sie jetzt in Ihren Händen halten, breitet sie sich in vielen Einzelheiten vor Ihnen aus.

Auf 240 Seiten erhalten Sie in diesem ersten Band der im LICHTWELTVERLAG neu kreierten EDITION MEISTER DIALOGE einen umfassenden und tiefgründigen Einblick in die spirituelle Wahrheit dieser Zeit.

Abläufe und Einzelheiten, die den gegenwärtigen Prozess der planetaren wie individuellen Transformation betreffen, werden eingehend beschrieben und besprochen. Vor allem aber finden Sie in diesem Buch Antworten auf Ihre Fragen.

Seit nunmehr 10 Jahren diene ich als »Schreiber Gottes« und dabei kommt den »Gesprächen« mit den Hohen Wesenheiten des Lichts, eine besondere Bedeutung zu. Zum einen, da sie nicht die Regel meiner Arbeit, sondern die Ausnahme sind, und zum anderen, da es mir dabei möglich ist, die Fragen, die viele Menschen beschäftigen, den geistigen Ebenen des Lichts vorzulegen.

Dieser Frage- und Antwortmodus gewährleistet nicht nur eine spannende spirituelle Lektüre, sondern fördert vor allem Erkenntnisse, die sich nur aufgrund einer klaren und wahrhaftigen Antwort einstellen können.

Dieses Werk ist eine Schatztruhe an klaren wie reinen, an wahrhaftigen und liebevollen Antworten zum aktuellen Zeitgeschehen.

»Tage voller Wunder, Wochen voller Wendungen und Monate einer neuen Wirklichkeit sind angebrochen.« BABAJI

In 16 ausführlichen Gesprächen, insgesamt jedoch in 20 Botschaften von BABAJI, SANANDA, ASANA MAHATARI (MEISTER ST. GERMAIN), ERZENGEL MICHAEL, ERZENGEL GABRIEL und GOTT, geführt im Zeitraum von Juli 2014 bis Juli 2015, wird diese »neue Wirklichkeit,« mit allen Fragen, die sie aufwirft, erörtert.

Sie erhalten Einblick in den »himmlischen Plan« und in die Logik aller Ereignisse, die sich jetzt auf der Erde zutragen und entfesseln. Dabei wirken sich die hohen Energien der Meister und Erzengel direkt auf Sie aus. In deren Gegenwart, die Sie in jeder Zeile erfahren, schwinden eventuelle Zukunftsängste und Sie erkennen Ihren Platz in diesem großen göttlichen Spiel.

In direkter Sprache und leicht verständlich werden uns unterschiedliche Zukunftsszenarien, die Potenziale der Menschheit präsentiert und in jeder Zeile wird uns bewusst, dass wir auf allen unseren Wegen vom Himmel begleitet und von Gott beschützt sind.

Die Erde und die Menschheit sind wahrlich in der Obhut Gottes. Es muss so sein. Anders ist die Tatsache, dass sich diese Menschheit, aufgrund ihrer Unbewusstheit, noch nicht selbst ausgelöscht hat, nicht zu erklären.

Jemand führt im Hintergrund Regie und dieser »Unbewegte Beweger« lenkt für uns unsichtbar die Dinge, sodass wir uns entfalten und unsere Bewusstwerdung vollenden können.

»Zerfall, Zerstörung, Untergang — Wiedergeburt, Neubegründung, Aufstieg. Wir sind in diese Phase eingetreten.« BABAJI

Dieses Werk spannt den großen Bogen und lässt uns in diese »neue Phase« eintreten. Dabei werden irdische Ereignisse in den kosmischen Zusammenhang gestellt.

Das Buch bietet Verständnis, wo bisher Unverständnis war, versorgt uns mit spiritueller Nahrung und mit Wissen; und wo bisher viele Fragezeichen standen, die für innere Unruhe sorgten, treten Erkenntnis ein und Frieden.

Ich bin überzeugt, dass Sie in diesem Buch nicht nur eine Fülle von Antworten auf Ihre brennenden Fragen erhalten, sondern dass Sie vor allem eine Berührung durch das göttliche Licht erfahren. Denn:

Die »Große Zeit« ist auch für Dich gekommen.

In Liebe
JAHN J KASSL

SELIGPREISUNG

Selig, die sich Gott ganz hingeben, denn sie werden Einlass in den Himmel finden.

Selig, die das Leben ganz annehmen, denn sie sind von Gott angenommen;

Gott ist das Leben.

Selig, die sich ganz ihrer eigenen Gott- und Geistwerdung verschreiben, denn diese werden, noch ehe diese Welt vergeht, Gott schauen.

Selig, die sich als Diener ihrer Aufträge sehen, denn diesen wird Erfüllung zuteil.

Selig, die die Flamme des Aufstiegs hüten und das Licht des Lebens anfachen, ihnen ist das Reich Gottes gewiss.

Selig, die in dieser Zeit des kosmischen Wandels, obwohl sie diese Welt längst überwunden haben, auf Erden dienen, sie werden wahrlich entrückt werden, weit über das Licht, das keine Schatten wirft, hinaus.

Selig, die Gott lieben, selig, die in Gott leben und selig, die durch Gott wirken, denn die Taten dieser Menschen prägen Welten und prägen sich auf Welten unauslöschlich ein.

Selig bist du, der du diesen Worten folgst, denn die unsichtbare Hand des Schöpfers geleitet dich durch Zeit und Raum.

Vertraue.

SANANDA

WELT DER WUNDER

Gespräch mit BABAJI,
18.07.2014

BRIEFE VON BABAJI

JJK: Seit einigen Stunden denke ich immer wieder an eine Tatsache, die ich in einem Buch über Babaji las, nämlich, dass Babaji, als er von 1970—1984 eine Verkörperung auf Erden annahm, Briefe an Politiker oder höher gestellte Persönlichkeiten des öffentlichen Lebens schrieb, um auf deren Verhalten Einfluss zu nehmen. Warum wirklich?

BABAJI: Ich segne diese Welt, ich segne die Menschheit, ich segne jedes Leben auf diesem Planeten.

Ich bin BABAJI

Ja, ***jeder Mensch wird dort erreicht, wo er steht, dort abgeholt, wo er ist, und dort zu weiteren Erkenntnissen angeregt, wo sie möglich sind.*** Wichtig ist, die Menschen auf ihrer Ebene, auf ihrer Matrix zu erreichen. Dieser Gesetzmäßigkeit gehorcht alles Leben, ansonsten wäre Entfaltung und wären Erkenntnis und Erleuchtung unmöglich, da ein Wesen alle Erfahrungen, die dahin führen, entbehren müsste.

Der Weg der Erleuchtung führt einen Menschen immer mitten durch die Raumzeitebenen hindurch.

JJK: Stießen diese Briefe auf Resonanz?

BABAJI: Hier gilt es zu fragen, von welcher Sichtweise aus man diese Frage beantwortet. Auf linearer Zeitebene veränderte sich ursprünglich wenig, die Handlungsweisen wurden unmittelbar daraufhin kaum abgeändert; auf spiritueller Ebene der einzelnen Menschen wurde ein neues Feld der Erkenntnis vorbereitet.

Alles, absolut alles auf dieser Welt, beeinflusst einander und so ist auch jedes ausgesprochene oder niedergeschriebene Wort unauslöschlich und es prägt sich in eine Menschenseele ein, unauslöschlich!

Dieser Wahrheit gilt es immer und vor allem jetzt, da viele Lichtkrieger der ersten und letzten Stunden gegen Windmühlen zu kämpfen scheinen, gewahr zu sein.

Jetzt, da die Menschheit kaum zu verstehen scheint, was ihr durch die Lichtkrieger, durch dich, der du mit diesen Worten in Resonanz trittst, gegeben wird, gilt es sich auf die »Zeit danach« auszurichten und die »Samen der Zukunft« tief in die Menschenherzen zu legen.

Nichts, kein einziges Wort, keine einzige Zeile, ist vergeblich ausgesprochen oder geschrieben worden; und so bleibt es auch weiterhin.

Die Menschen müssen dort, wo sie sind, erreicht werden. Was nützen die schönsten Bahnhöfe, so euch dort niemand erwartet, denn die, die zumindest bis zu einem gewissen Grad erwachen, um in eine höher schwingende 4D-Welt einzugehen, erwarten euch zumeist auf den baufälligen Bahnsteigen ihres zerrütteten Lebens.

JJK: Die Entscheidungen sind gefallen, heißt es, und dennoch gilt es diese Arbeit noch zu tun?

BABAJI: Ja, unbedingt, und viele Lichtkrieger haben diese Aufgaben übernommen. Warum?

DIE ENTSCHEIDUNGEN SIND GEFALLEN

bedeutet, dass die Seelen ihren weiteren Verlauf der Evolution bestimmt haben; und heißt, dass, ehe sich die Welten trennen, die notwendigen Bestimmungen erfolgen müssen und bereits erfolgt sind. Alle Menschen jedoch, die nicht direkt in die fünfte Dimension des Seins aufsteigen, erhalten nun durch die Meister der neuen Zeit, es sind die neuen aufgestiegenen Meister, weitere Anleitungen, die ihnen auf der neuen

Erfahrungsebene einer 4D-Welt zur Verfügung stehen. Auf zellularer Ebene ist alles gespeichert und die Erinnerung daran tritt in dem Augenblick ein, in dem ein Mensch mit Umständen konfrontiert wird, die tief greifende Erkenntnisse erst möglich machen. Auf dieser Raumzeitebene, die ihr heute wahrnehmt, scheinen eure Bemühungen nutzlos.

Dies ist, sobald ihr euren Horizont erweitert, ein Irrtum, da jede eurer Anstrengungen auf spezifischen Raumzeitebenen höherer Dimensionen bereits verwirklicht wird.

Ihr seid multidimensional.

Das trifft auf alle Menschen zu, auch auf jene, die sich dessen nicht bewusst sind und die ganz der Realität dieses einen Lebens verfallen sind. Solch ein multidimensionales Wesen ignoriert auf dieser Ebene eure Arbeit und eure Hinweisschilder in das Licht, während es auf anderer Ebene diesem eurem Wirken durchaus Folge leistet.

Ein wirklich sehr beeindruckendes Spiel des Schöpfers, das jedem Wesen unbegrenzte Möglichkeiten zur Entfaltung bietet.

Lasst euch also bitte niemals vom Augenscheinlichen täuschen — niemals.

JJK: Das heißt, das Schreiben von Essays, so wie ich es zum Beispiel seit Jahren tue, denn diese ergehen ja auch direkt an Menschen aus Politik und Medien, ergibt durchaus Sinn, einen tieferen Sinn?

BABAJI: Absolut! Hier gilt es, die augenblicklichen Reaktionen der Politiker oder Medien unbeachtet zu lassen und diese im Lichte dessen, was ist, zu sehen.

Es sind Momentaufnahmen dieser Raumzeit.

Tatsächlich findet nicht nur bei den Lesern des Lichtweltportals, sondern auch bei jenen, von denen man es nicht vermutet, die notwendige Berührung mit der Wahrheit statt; wenngleich dies ein Vorgang ist, der sich auf der Zeitlinie nicht oder nur sehr spärlich zu ereignen scheint.

Ein Paradoxon, das es zu überwinden gilt, denn der Umkehrschluss ist richtig — Erkenntnis ereignet sich. Dies ist Teil des Prozesses, bei dem die ersten und letzten Lichtkrieger dieser noch verbleibenden Raumzeit die Menschen dort, wo sie stehen, abholen.

Spirituelles Erwachen findet immer am Ende einer menschlichen Reise statt und steht nicht an deren Beginn!

Das heißt, ***ehe sich ein Mensch für den tieferen Sinn seines Lebens und der Welt öffnen kann, muss er die oberflächliche Illusion als solche erkennen wollen und erkannt haben.***

JJK: Hatte heute Nacht einen sehr erotischen Traum.

Daraufhin nehme ich im Wachzustand wahr, dass mir die Frauen, denen ich während des Tages begegne, sehr »offenherzig« begegnen. Was geschieht hier? Überlagern sich die Ebenen?

ÜBERLAGERUNGEN VON WIRKLICHKEITEN

BABAJI: Es ist ein sehr flüssiger Vorgang, wobei sich Traum- und Wachrealität überlagern. Dies kann jeder Mensch, der sich dessen bewusst ist, beobachten. Was im Traum erlebt wird, beeinflusst unmittelbar den folgenden Tag, bis dieses Traumerleben aus den Energiekörpern gelöst oder abgelegt wird, um für neue Erfahrungen der Multidimensionalität Raum zu schaffen. Das bedeutet in diesem Fall, dass die sexuelle Anziehung von der Traum- auf die Wachebene mitgenommen wurde, bis sie ausdünnt und der Normalzustand eintritt.

Träumt ein Mensch zum Beispiel davon, wie er eine sehr schwierige Situation gemeistert hat, oder aus einem Kampf siegreich hervorgeht, dann umgibt ihn im Wachbewusstsein für eine bestimmte Zeit lang diese unwiderstehliche Kraft; eine sehr machtvolle Wirklichkeit. Diese Zeit kann dafür genutzt werden, um auch auf der Alltagsebene wirkungsvolle Entscheidungen zu treffen und ausstehende Umstellungen im Leben zu bewirken. Dieses Zusammenspiel der Dimensionen zu erkennen, ist ein weiterer Schlüssel, um das Leben, so wie es wirklich ist, zu verstehen.

JJK: Wie lange bleiben solche Traumerfahrungen in einem Wesen gespeichert? Wie lange wirken sich diese direkt auf den Alltag im Wachbewusstsein aus?

DIE 90 TAGE

BABAJI: Bis sie die Bedeutung verlieren, da sich ein Wesen seiner Selbst vollständig bewusst ist und in jedem Augenblick auf jede »Erfahrung« zugreifen kann. Bis diese »vollständige Bewusstheit« erreicht ist, gilt es bei allen energetischen Vorgängen auf dieser Raumzeitebene grundsätzlich die Dauer der 90 Tage zu berücksichtigen. Jede energetische Lösung eines Zustandes, so diese nicht bewusst forciert und veranlasst wird, braucht die Zeit von 90 Tagen. Eine bewusste Hinwendung an ein Thema verkürzt diese Zeitspanne deutlich und kann auch im Augenblick für »Erlösung« sorgen.

Die 90 Tage sind deshalb sehr bedeutend, damit ein Mensch zumindest eine bestimmte Klärung von schädlichen Erlebnissen erfahren kann. Diese »automatische Selbstreinigung« verhindert, dass sich zu viele Lebensthemen überlagern und das menschliche Bewusstsein absolut überfordern.

Alle noch nicht bewusst erkannten Überlagerungen werden im zellularen Bewusstsein abgelegt, also nur aus dem Alltagsbewusstsein entfernt nicht jedoch geklärt. Das bis zu dem Moment, in dem sich ein Mensch für seine Wahrheit öffnet und bereit ist, seine multidimensionale Wirklichkeit zu schauen und die Vielschichtigkeit allen Lebens zu begreifen.

JJK: Das heißt, jeder Mensch erfährt eine gewisse Klärung, auch wenn er völlig unbewusst ist?

BABAJI: Ja, alles, was unbewusst bleibt, wird so lange »ausgelagert« oder im zellularen Gedächtnis gespeichert, bis der Mensch bereit ist, dies zu sehen.

Bis dahin erhält er immer aufs Neue die Gelegenheiten, neue Erfahrungen zu machen, so lange, bis der Grad der Sättigung erreicht und die Sehnsucht nach dem Ursprung in Gott erweckt ist.

WÄCHTER DER GALAXIE

JJK: Habe die Beobachtung gemacht, dass ich nun schon zweimal in sehr kurzer Zeit von der Polizei angehalten wurde (Fahrzeug- und Fahrerkontrolle), als ich mit meinem Motorroller unterwegs war. In beiden Fällen von einer Polizistin und einem Polizisten; beide immer jung und freundlich, wenngleich bestimmt. Dabei ereigneten sich beide »Amtshandlungen« in unüblichen Situationen; einmal mitten auf einer Kreuzung im ruhenden Verkehr und dann auf einer Einkaufsstraße, die ich im Schritttempo entlangfuhr.

BABAJI: Dies ist eine direkte Spiegelung, die die euch übertragene Wächterschaft dieser Galaxie herausstreicht.

Polizisten: symbolisieren die Wächter.

Männlich und weiblich: symbolisieren die Balance zwischen den Welten und euer ausgewogenes schöpferisches Wirken.

Freundlich und bestimmt: symbolisieren eure Weisheit und Entschlossenheit.

In unverdächtigen und unerwarteten Situationen: zeigt, dass ihr überaus wachsam beim Erfüllen dieser Aufgaben seid.

WELT DER WUNDER

JJK: Möchte nun noch auf den Beginn dieses Gespräches zurückkommen. Die »Menschen auf ihrer Ebene abholen«, das heißt, auch ein Erleuchteter kann oder darf keine Wunder wirken?

BABAJI: Ein Erleuchteter und Wissender schon gar nicht! Dieser kennt die Gesetze der Schöpfung und hält sich immer daran. Wunder kann nur der Mensch selbst wirken! Die himmlischen Mächte greifen nur dort direkt ein, wo es ihnen, unter der Berücksichtigung aller göttlichen Gesetze, die Wirkungsweise des Karmas eingeschlossen, auch erlaubt ist. Wunder können wir im Wissen des Alles-Was-Ist vollbringen und wir tun das zu allen Zeiten und auf allen Ebenen.

Das größte Wunder ist, so ein Mensch das Wunder seines einzigartigen Lebens und seiner Einmaligkeit erkennt.

Ihr seid die Schöpfergötter und wir unterstützen euch dabei, diese Wirklichkeit nun in euren Alltag zu bringen. Dann nimmt die Sehnsucht nach »Wundern« ab, da die Wirklichkeit der Schöpferkraft, die Selbstermächtigung eines Menschen, um göttliche Taten zu vollbringen, erlangt ist.

Zu den Ereignissen auf dieser Welt ist anzuführen, dass die geistigen Lichtebenen auch weiterhin auf dieser Welt direkt eingreifen, so diese Welt von den dunklen Kräften in Schutt und Asche gelegt werden will. Darüber hinaus gilt es, allen Wesen von drei- und vierdimensionalen Welten so lange Erfahrungen zu ermöglichen, bis eine Sättigung eintritt.

JJK: Ich erfahre dies sehr oft, dass die Menschen, die mit ihren Fragen zu mir kommen, sich ein »Wunder« oder eine »Lösung« erwarten; am besten im Augenblick. Viele sind natürlich enttäuscht, da dieses nicht eintritt.

BABAJI: Die Enttäuschung ist in diesem Zusammenhang sehr wichtig — damit sich die Menschen auf sich selbst besinnen und tiefere Seelenforschung betreiben. Viele Fragen resultieren daraus, dass die Menschen zu bequem sind, selbst nach einer Antwort zu suchen: Erkenntnis sofort, ohne selbst zu erkennen. Hier glauben die Menschen, dass ihnen ein Meister die Antworten für ihr Glück bringt. Natürlich ist dies ein Irrtum.

FRAGEN, WEG UND WANDERSCHAFT

JJK: Ich merke auch, dass in mir der Wille, den Menschen überhaupt etwas zu sagen, nachlässt und gegen Null geht.

BABAJI: Ja, da es nicht deine aktuellen Aufträge beschreibt und da sich tatsächliche Erkenntnis immer jenseits der Worte ereignet.

Worte sind nur so lange nötig, bis ein Mensch die Stille ertragen und das Flüstern Gottes wahrnehmen lernt.

Fragen, die einer Beliebigkeit entspringen, sind nur so lange nötig, wie der Geist unruhig und die Seele aufgewühlt sind. Denn es gilt, zwischen Fragen und Fragen zu unterscheiden: Fragt dich jemand nach dem Weg und durch dich wird dieser aufgezeigt, dann ist alles und hast du alles getan. Beschreiten und gehen muss jeder den Weg selbst.

Und das ist der Punkt. Viele Menschen erwarten, dass ihnen Weg und Wanderschaft abgenommen werden; so als könnte man die Schönheit eines Waldes erfahren, ohne durch den Wald hindurchzugehen.

Fragen haben dann ihre Berechtigung, so diese einem Erleuchteten vorgetragen werden und so der Fragende die Weisheit besitzt, jede Antwort zu erwarten und sich danach bedingungslos auszurichten.

Wir beschließen dieses Gespräch zu vielen Aspekten dieser Zeit.

Seid euch gewiss: *Es ereignet sich Großes.*
Die eine Welt vergeht und die neue Welt entsteht.
In diesen Tagen erhebt sich aus den Trümmern der alten Welt die neue Menschheit.

Ich bin die Allgegenwart Gottes
auf allen Ebenen der Schöpfung.

Ich bin gekommen, um der Menschheit auf höchster Ebene zu dienen und um die Menschensöhne und Menschentöchter in die höchsten Ebenen des Seins zu geleiten.

Ich bin
BABAJI

Es ist essenziell,
dass Ihr erkennt, was Ihr zu
tun gekommen seid!
Dann geht Alles
seinen richtigen und
guten Weg.

SANANDA

VOM RICHTIGEN CHANNELN

Gespräch mit SANANDA
07.08.2014

JJK: Die Situation, dass es einer dunklen Quelle möglich war, sich in ein Channeling von mir zu mengen und es zu bestimmen, beschäftigt mich noch (siehe Botschaft »Massive Angriffe der Dunklen«: *http://www.lichtweltverlag.blogspot.co.at/2014/08/massive-angriffe-der-dunklen-sananda.html*).

Auch stellt sich für mich die Frage, was ist zu tun, dass das absolut ausgeschlossen werden kann, und die Frage, was sind die Bedingungen, um diese Arbeit überhaupt verrichten zu können? So zu verrichten, dass saubere und reine Botschaften durchkommen — und nur solche!?

SANANDA: Ich bin allgegenwärtig auf dieser Welt, die nun zügig in die Phase der Verwirklichung des Wandels auf allen Ebenen tritt.

Deine Fragen sind von großer Wichtigkeit, denn viele glauben sich berufen, sind es aber nicht, und mancher ist es und erkennt diese seine Aufträge nicht.

Zuallererst ist es wichtig, zu verstehen, dass die dunklen

»Gegenspieler« auf dieser Ebene Macht besitzen. Macht, die sie nun verlieren, die jedoch immer noch ausreicht, um die Lichtkrieger der ersten und letzten Stunden zu behelligen. Diese Tatsache wurde dir sehr eindringlich vor Augen geführt, damit deine Aufmerksamkeit diesbezüglich aufrechterhalten bleibt.

Noch ist dieses Spiel ein Spiel der Kräfte, in dem sich die dunklen Krieger mit den Kriegern des Lichts unentwegt messen, auch wenn die Lichtkrieger dieses Kampfes längst überdrüssig geworden sind.

Was dich betrifft, ging es bei diesem Besuch der dunklen Kraft darum, deine Aufmerksamkeit in diesem spezifischen Bereich und bei dieser spezifischen Wesenheit wachzuhalten, die mit einer Armee an verzweifelten und von Hass erfüllten Mitstreitern verbrannte Erde hinterlassen möchte, wo immer es nur irgendwie möglich scheint. So weit dazu.

Kann eine dunkle Einflussnahme auf Botschaften absolut ausgeschlossen werden? Nein, denn solange sich die Welten noch überlagern, besteht diese Möglichkeit.

Ja, so die Wachsamkeit immer gegeben ist, dann müssen alle dunklen Kräfte weichen, da jede »Fremdbelagerung«, noch ehe sie mit ihrem Unwesen beginnt, vertrieben wird; zwei unterschiedliche Antworten und beide von Richtigkeit.

BESCHAFFENHEIT EINER LICHTVOLLEN BOTSCHAFT

Was sind also die Bedingungen, auf die es ankommt, um eine ausreichend lichtvolle, eine durchgängig wahrhaftige und eine von der Liebe Gottes getragene Botschaft »durchzubekommen«? Wie muss ein Mensch beschaffen sein, um eine lichtvolle Botschaft des Himmels kanalisieren zu können?

Die Antwort darauf ist einfach: Bedingung ist ein weitgehend geklärtes Energiefeld. Das ist es, worauf es ankommt. Viele Menschen, die von sich sagen, sie erhalten Botschaften aus dem Licht, erfüllen diese Voraussetzungen nicht oder nur in einem geringen Ausmaß. Dadurch wird sehr viel Verwirrung unter den Menschen gestiftet, da dunkle Botschaften als lichtvolle ausgegeben werden.

Viele Menschen, die sich auf den Lichtpfad begeben, halten die ersten Erkenntnisse auf ihrem Weg für weitreichende Errungenschaften, nutzen die ersten Momente, bei denen sich ihr Wesen öffnet, dafür, um sofort Wesenheiten aus der Anderswelt in ihr Energiefeld zu ziehen. Dabei bleibt ihnen verborgen, wie vielfältig die Ebenen sind und dass eine »Stimme« aus der Anderswelt genauso verschmutzt und finster sein kann, wie die Stimmen, die auf dieser sichtbaren Welt zu vernehmen sind. Das bedeutet: ***Viele Channel-Medien beginnen mit dieser Arbeit zu früh und viele tun dies, ohne dass es ihren himmlischen Aufträgen entsprechen würde.***

Was heißt, dass sie völlig an ihrer Berufung vorbeileben, nur, da sie durch diese Arbeit eine gewisse Aufmerksamkeit und einen bestimmten Selbstwert erhalten, die und den sie in ihrem Leben bisher zumeist sehr entbehren mussten. Erlösung dieses Mangels ist die Lösung und nicht den Mangel durch eine außerordentliche — noch nicht zur vollen Reife gelangte — Fähigkeit, die man vorgibt zu besitzen, zu kompensieren.

JJK: Das heißt, es gibt zu viele Channel-Medien oder viele, die sich dafür halten, es aber nicht sind?

SANANDA: Ja. Die Tatsache, dass sich bei vielen Menschen in den vergangenen Jahrzehnten die inneren Kanäle geöffnet haben, heißt nicht automatisch auch, dass ein jeder diese Arbeit eines Kanals für die geistigen Lichtebenen verrichten soll.

Während diese beträchtliche Anzahl von Menschenkindern ihre eigenen noch unerlösten Blockaden vor sich herschiebt, beginnen sie die ersten Erkenntnisse am Lichtpfad für so bedeutend zu halten, dass sie diese zu allgemeingültigen Wahrheiten aufbauen und sich selbst zu Meistern ausrufen, noch ehe die Meisterschaft tatsächlich erlangt ist.

Eine wirklich saubere Botschaft kann nur der manifestieren, der sich des ganzen Prozesses, der vielen unterschiedlichen Ebenen und auch der Kräfte, die bei einer Übertragung

einwirken können, voll bewusst ist — und nicht der, der sich nach Belieben öffnet, um beliebigen Gästen eine Plattform für ihre zwielichtigen Absichten zu bieten.

Du erinnerst dich daran, dass ich von mir aus Übertragungen abbrechen musste, da eine saubere Übertragung aufgrund gewisser Fliehkräfte jenseits und diesseits des Schleiers nicht mehr gewährleistet war. Das gilt es immer zu berücksichtigen, denn es ist leicht zu channeln; es ist jedoch äußerst fordernd, verlangt einen klaren menschlichen Geist und ein geklärtes inneres Wesen, so es gilt, die reine göttliche Lichtschwingung und die Wahrheit der Lichtebenen des Seins, in diese Dichte mit den Worten, die dafür zur Verfügung stehen, zu bringen.

WIRKEN SICH STIMMUNGEN AUS?

JJK: Frage mich bei meiner Arbeit auch, dass ich ja manchmal selbst bestimmten Stimmungen unterliege. Wirken sich diese Stimmungen auf das Channeling aus und wenn ja, wie?

SANANDA: Hier gilt es ein weitverbreitetes Missverständnis auszuräumen. Viele Menschen glauben, zum Channeln bedarf es immer einer äußerst meditativen und ausbalancierten inneren Verfassung. Nein, das ist keineswegs immer erforderlich.

Was es hingegen immer braucht, ist ein grundsätzlich geklärtes Wesen, dann ist die aktuelle Stimmungslage zweitrangig und sogar unbedeutend.

Vor allem gilt es dabei eines zu verstehen: Die himmlischen Lichtwesenheiten bedienen sich auch dieser vielfältigen Stimmungen eines Menschen, um bestimmte Botschaften durchzubringen. Bist du, Jahn, zum Beispiel über die Entwicklungen auf der Erde wenig erfreut und bist du gedanklich und emotional damit beschäftigt, so ist das für uns ein guter Nährboden, um in deutlicher Sprache eine Botschaft durchzugeben. Hier geht es um Resonanz. Wir gehen zu dir in Resonanz und du zu uns. Die beste Übertragung ist dann möglich — natürlich immer auf der Basis eines weitgehend geklärten Bewusstseins — so das Medium mit dem Thema bereits vertraut ist und nicht, so es ganz auf ein »weißes Blatt Papier« schreibt.

Der Boden für eine klare, wahrhaftige und lichtvolle Botschaft wird immer aufbereitet und das auf unterschiedliche Weise.

JJK: Manchmal erfahre ich es auch so, dass ich bei den Botschaften ganz weggeschaltet bin?

SANANDA: Ja, das ist dann der Fall, so wir spezifische und ganz neue Themen durchbringen wollen. Themen, von denen dein Alltagsbewusstsein kaum berührt wurde. Das ist eine

Methode, für die du dich bereit erklärt hast, als der Modus unserer Arbeit definiert wurde. Daher ist es uns möglich, dir manche Botschaft zu übertragen, die absolut einmalig sind auf dieser Welt. Dein »unbeschriebener Geist« ist hier von großer Bedeutung und diese Form der Zusammenarbeit mit den Lichtkräften des Seins ist Teil deiner Aufträge.

TRANSFORMATIONSARBEIT IST ESSENZIELL!

Womit wir bei den Aufträgen angelangt sind.
Wisset, geliebte Menschen:

Es ist essenziell, dass ihr erkennt, was ihr zu tun gekommen seid! Dann geht alles seinen richtigen und guten Weg.

Dann werdet ihr auch auf die Arbeit des Channelns, so dies auf eurer Wegstrecke liegt, gut vorbereitet werden.

Bedingung, um die eigenen Aufträge klar zu erkennen, ist der unbedingte Wille zur eigenen Transformationsarbeit. Während dieses Vorganges enthüllen sich euch nach und nach die Aufträge. Diese bleiben jedoch reine Spekulation, solange ihr vor dieser tief greifenden Arbeit an eurem inneren Wesen flieht.

Bleibt ihr in der Klärung stehen oder beginnt ihr zu früh mit bestimmten Fähigkeiten, die sich bei euch bereits abzeichnen,

die jedoch noch nicht ausgereift sind, zu hantieren, zieht ihr das Unheil an.

Denn die Halbwissenden oder Halberleuchteten sind für die trägen Kräfte aus den unterschiedlichen Ebenen des Seins willkommene Informationsträger. Dadurch schleichen sich zuhauf falsche Botschaften und Botschaften aus trägen Welten in diese unsere Wirklichkeit ein.

JJK: Ich wurde, abgesehen von meinen vielen Leben, die mich für diese Arbeit prädestinierten, mehr als 3 Jahre intensiv — und ohne zu wissen worauf — genau auf diese Arbeit vorbereitet? Kann sich ein Mensch auch ganz bewusst auf eine Channeltätigkeit vorbereiten, indem er diese Entscheidung so trifft, wie eine Berufswahl getroffen wird?

ALTE SEELEN

SANANDA: Ja, das ist durchaus möglich, so der Mensch wirklich dafür berufen ist; und manchen Menschen wird dies, noch ehe sie mit der eigenen Klärung wirklich beginnen, auch deutlich vermittelt.

Heißt, diese Menschen erhalten Traumbilder oder Lebensumstände und Begegnungen, die sie auf ihre Aufträge fokussieren. Damit sie umkehren oder erwachen und ihre

Aufträge annehmen. Dieser Weckruf erlangt zumeist »alte Seelen«, für die die Zeit zur Umkehr knapp wurde. Das bedeutet, »alte Seelen« genießen eine spezielle Betreuung von ihren Lichtfamilien, denn es sind diese Seelen, die mit hohen Aufträgen ausgestattet diese Welt betreten haben. Jeder alten Menschenseele, der ihre ewigen Aufträge verborgen bleiben, werden viele Möglichkeiten zur Erlangung des Wissens geboten, da die Seelenessenz einen Reifegrad besitzt, die dies ermöglicht.

JJK: »Alte Seelen« genießen also eine etwas umfassendere Begleitung auf Erden?

SANANDA: Ja, die ihnen angemessene Begleitung, die sie sich durch viele große Taten in unterschiedlichen Leben erworben haben. Dies trifft auf eine junge Seele noch nicht zu.

ERKENNEN VON LICHTARMEN BOTSCHAFTEN

JJK: Woran sind »lichtarme« Botschaften am deutlichsten zu erkennen?

Ich denke oft daran, dass mir sehr viele eindringliche Botschaften, die an Deutlichkeit wirklich nichts zu wünschen übrig ließen, gegeben wurden — auch »persönliche« Botschaften sind darunter. Diese wurden in der Folge von manchen Menschen — zumeist von denen, die es betraf — als »lichtarm« aufgenommen.

Mir selbst ist natürlich bewusst, dass es oftmals gerade diese Botschaften sind, die das »Eis der spirituellen Ignoranz« bei den Menschen brechen können — und solche Vorgänge sind nur durch eine äußerst hohe und klare Schwingung möglich.

Was aber ist für die Menschen die Orientierung?

SANANDA: Jeder Mensch orientiert sich nach dem eigenen Resonanzfeld und zieht das in sein Leben, was in dem bestimmten Augenblick in das Leben gelangen soll.

Das Unterscheiden, das Erkennen von Botschaften und das richtige Zuordnen derselben bedürfen genauso eines geklärten Energiefeldes wie das Erhalten von Botschaften.

Ein unbewusster, im Energiefeld verschmutzter Mensch ist niemals in der Lage, eine klare Unterscheidung zu treffen, gleich auf welchem Gebiet. Daher gibt es keine generelle Regel, denn was für den einen angstmachend ist, ist für den anderen aufklärend, usw.

Das Feld, auf dem sich diese Erfahrung abspielt, ist wahrlich sehr, sehr weit.

Eine Grundregel zur Orientierung möchte ich jedoch anführen: Bringt die Botschaft immer mit dem Botschafter in Verbindung!

Ist der Mensch, der die Botschaft weitergibt, mit sich selbst im Reinen, ist dieser Mensch »glaubwürdig« oder wird dieser Mensch selbst von unerlösten Themen sonder Zahl belagert.

Blickt auch diesen Menschen in die Augen und ins Gesicht. Betrachtet deren Leben, stimmt es mit dem, was sie als geistiges Medium tun, überein oder haften unerlöste Themen in den Zellen. Sind Worte mit den Gesten und die Gesten mit den Handlungsweisen in Einklang?

Kurz: Wendet die Methode an, die ihr häufig anwendet, indem ihr einen Menschen auf seine Glaubwürdigkeit hin prüft, was bedeutet, das Leben und die Schwingung eines Menschen mit dem, was er tut, abzugleichen.

Denn immer gilt: *Ein jeder Mensch ist an den Früchten seiner Taten zu erkennen.*

Ihr erkennt dies leicht am Blick und im Gesicht eines Menschen. Ist dieser Blick klar oder unklar, wie sind die Gesichtszüge? Das ist das beste Mittel, um den Botschafter und die Botschaft in Einklang zu bringen, denn *ein in sich unklarer Mensch kann niemals eine klare Botschaft kanalisieren und operiert auf niederschwingenden Ebenen der Schöpfung.*

AKTUELLES RAUMZEITGESCHEHEN

Abschließend diese Worte zum aktuellen Raumzeitgeschehen auf dieser Ebene:

1) Die Heilungen auf physischer wie feinstofflicher Ebene aller menschlichen Körper vollenden sich bei allen Lichtkriegern der ersten und letzten Stunden.

2) Die Anzahl der Aufsteigenden steigt, während die Anzahl der unbewussten Menschen weiterhin sehr groß ist.

3) Die Qualität der Aufsteigenden dreht diese Welt ins Licht und es hat keinerlei Bedeutung mehr, dass sich viele Menschen — auch »alte Seelen« — anders entschieden haben.

4) Je stärker sich der Eindruck nach einem großen Weltenbrand ausbreitet, desto näher ist die Erhebung.

Die große Zeit ist gekommen.

In unendlicher Liebe
SANANDA

Ihr müsst die Wahl
eines Menschen erkennen!
Das ist das UM UND AUF
in dieser Zeit.
Damit ihr Euch fernhaltet,
wo ihr fernbleiben müsst,
und damit ihr tätig werdet,
wo Euer geheiligtes Wirken
erfordert ist.

SANANDA

SPIRITUELLE WAHRHEIT DER ENDZEIT, TEIL I

SANANDA
20.07.2014

»... denn Gott hat seinen Sohn nicht in die Welt gesandt, um die Menschen zu verurteilen, sondern um sie zu retten. Wer sich auf den Sohn Gottes verlässt, der wird nicht verurteilt. Wer sich aber nicht auf ihn verlässt, der ist schon verurteilt, weil er Gottes Sohn ablehnt. So wird das Urteil vollstreckt: Das Licht ist in die Welt gekommen, aber die Menschen hatten die Dunkelheit lieber als das Licht; denn ihre Taten waren schlecht. Jeder, der Böses tut, hasst das Licht und bleibt im Dunkeln, damit seine schlechten Taten nicht sichtbar werden ...« Bibel (Joh. 3, 17-20)

Geliebte Menschen,
in diesen Worten liegt die Wahrheit dieser Endzeit, liegt der Schlüssel zu allen Verwerfungen auf dieser Welt und Verirrungen der Menschen. In diesen Worten liegt die spirituelle Wahrheit, jetzt, da die Menschheit gewählt hat und einzelne Menschen den Aufstieg erlangen.

Ich bin SANANDA

»... denn Gott hat seinen Sohn nicht in die Welt gesandt, um die Menschen zu verurteilen, sondern um sie zu retten.«

Eine Aufgabe, die heute von den Lichtkriegern der ersten und letzten Stunden, den Meistern dieser und vor allem der neuen Zeit, übernommen wurde. Die Verzögerungen und Verschiebungen ihres eigenen Aufstieges haben sie angenommen, um so viele Menschen wie nur möglich zu retten: retten vor der Finsternis und vor dem eigenen Urteil, das sie auf sich ziehen, so sie das Licht meiden.

»Wer sich auf den Sohn Gottes verlässt, der wird nicht verurteilt. Wer sich aber nicht auf ihn verlässt, der ist schon verurteilt, weil er Gottes Sohn ablehnt.«

In der Tat, wer den »Sohn Gottes« ablehnt, der lehnt das Licht ab und leugnet somit seine eigene lichtvolle Wirklichkeit. Niemand spricht ein Urteil über diese Menschen, sondern sie selbst sind es, die dies tun, sie selbst sind es, die sich verurteilen. Denn sich vom Licht abzuwenden und der Finsternis zuwenden, bedeutet
a) Selbstverleugnung und
b) Selbstverurteilung,

und dieser Irrtum wird am Wege zur späteren Erkenntnis immer als Schuld erfahren, die ein Wesen erst nach und nach ablegen kann.

»Gottes Sohn« beschreibt das lebendige Licht der Liebe in euch selbst. Wer dieses ablehnt, ist gestorben, hat das Leben verwirkt und für diesen Menschen gibt es weder Trost noch Hoffnung.

»So wird das Urteil vollstreckt: Das Licht ist in die Welt gekommen, aber die Menschen hatten die Dunkelheit lieber als das Licht; denn ihre Taten waren schlecht. Jeder, der Böses tut, hasst das Licht und bleibt im Dunkeln, damit seine schlechten Taten nicht sichtbar werden ...«.

Die Menschen haben sonder Zahl, jetzt kurz vor der Erhebung dieser Welt, die Dunkelheit oder die Schattenreiche mancher 4D-Ebenen gewählt. Die »schlechten Taten« richteten sich vor allem gegen den einzelnen Menschen selbst, da die ursprüngliche Entscheidung der Seele verworfen wurde. Darin ist der Verrat an sich selbst und an den ewigen Verträgen aus dem Licht begründet, darin ist dieser definiert.

Diese Menschen lieben das Dunkle. Es bleibt ihnen nichts anderes mehr übrig und sie wissen, dass sie versagt haben. Sie spüren, empfinden und erfassen intuitiv, dass sie weit vom ursprünglichen Ziel der Seele an Land gehen und den Ozean der Liebe für eine lange Zeit nicht mehr durchkreuzen werden: den Seelenplan verleugnet, das Leben verstoßen, den Tod gewählt.

Das Böse existiert, das Gute existiert! Die Wahl eines Menschen entscheidet, was in die — seine — Wirklichkeit geatmet wird. Gut oder Böse, das war und ist die Wahl, die jeder Mensch bis zum letzten aller Tage zu treffen hat; *und es ist immer die Wahl, die alles entscheidet, denn niemand anderer als der Mensch selbst ist für seine Wahl verantwortlich.*

Der Sohn Gottes ist auch heute mitten unter euch. Erneut werde ich nicht erkannt und die, die mich erkennen, gehen mit mir ein in den Himmel.

Geliebte Menschen,

haltet euch von der Finsternis fern! Weist die Dunkelheit und das Böse entschieden zurück! Umgeht die euch gestellte Falle, indem man euch sagt, ihr dürftet das Böse nicht verurteilen! Das ist unwahr und unrichtig!

Zurückweisung des Bösen ist heute überlebenswichtig. Verurteilt die Tat, jedoch nicht den Täter, verurteil das Böse, jedoch nicht den, von dem es ausgeht. Von dem es ausgeht, von dem müsst ihr euch fernhalten und euch mit aller Kraft von diesem Menschen abkehren und dessen Umgebung meiden.

DAS BÖSE LIEBT DIE DUNKELHEIT

Auch heute noch stehen viele Lichtkrieger vor dem Gewissenskonflikt, mit einem Menschen, der anders gewählt hat und der den Sohn Gottes leugnet, weder Tisch noch Bett teilen zu dürfen. Immer noch werdet ihr aufgefordert, das Böse so lange zu bearbeiten, bis es sich ins Licht kehrt.

Ich aber sage euch: ***Das Böse, das sich selbst erfahren möchte, ist unbelehrbar und ist unbeirrbar.*** Das Böse meidet das Licht unter allen Umständen und entflieht der Liebe, solange es nur kann.

Ihr müsst die Fähigkeit, klare Betrachtungen und unmissverständliche Feststellungen zu treffen, erwerben!
Die Dinge beim Namen nennen bedeutet, Schwarz als Schwarz zu erkennen und es auch so an- und auszusprechen. Habt ihr jemanden verurteilt, nur da ihr seine Handlungen als Böse erkennt und als solche klassifiziert? Diese Menschen, die vom Bösen befallen und von der Dunkelheit absorbiert wurden, haben das Urteil über ihr Leben selbst gesprochen. Diese Menschen haben verwirkt, wonach ihr strebt — das Leben.

Diese Erkenntnis muss eurer aufmerksamen Beobachtung entspringen und mittels eurer Unterscheidungskraft ist dies möglich.

Lasst euch nicht täuschen, denn die Dunklen bedienen sich der spirituellen Szene sehr geschickt und breiten sich alles zerstörend in dieser aus. Indem suggeriert wird, ihr dürftet niemanden und nichts »bewerten« oder auf seinen wahren Wert hin prüfen, um es zu erkennen, werdet ihr zu fremdbestimmten Wesen, die dem Bösen die Tür und der Dunkelheit alle Tore in die Seele öffnen.

Wer kann mit dem Teufel unter einem Dach leben? Ich sage es euch: Es ist der, der selbst des Teufels ist oder der, der sich nicht bewusst ist, wessen Gast er beherbergt und zu wessen Diener er geworden ist.

Erkennt, was ist, und habt den Mut, dies frei und unerschrocken auszusprechen. Denn das Dunkle fürchtet das Licht, die Lüge, die Wahrheit; und der Teufel fürchtet den angstbefreiten Menschen, der das diabolische Spiel der Täuschung durchschaut hat.

Am Ende der Zeit verlieren viele Lichtkrieger die Orientierung in sich selbst. Von falschen Glaubenssätzen durchtränkt zweifeln sie und gehen kein Wagnis ein. Weder benennen sie die Dinge noch halten sie sich von Menschen, die dunkle und böse Absichten verfolgen, fern. Im Irrglauben, auch diese Menschen dürften die Brücken in das Licht betreten, vergeuden sie ihre Energie, um in einem Moment der Unachtsamkeit ganz von der Finsternis absorbiert zu werden.

Wer das Böse gewählt hat, für den könnt ihr jetzt nichts mehr tun. Nur wer in das Licht strebt, dem könnt ihr die goldene Brücke erbauen und für diese Menschen seid ihr noch auf der Erde, damit sie den tieferen 4D-Ebenen entgehen, denn wahrlich: Die trägen Welten der vierten Dimension stehen den trägen Welten der dritten Dimension um nichts nach!

Ihr müsst die Wahl eines Menschen erkennen! Das ist das »Um und Auf« in dieser Zeit. Damit ihr euch fernhaltet, wo ihr fernbleiben müsst, und damit ihr tätig werdet, wo euer geheiligtes Wirken erfordert ist.

»Jeder, der Böses tut, hasst das Licht und bleibt im Dunkeln, damit seine schlechten Taten nicht sichtbar werden …«

Diese Tatsache gilt es jetzt anzuerkennen. Solcher Art gilt es dem, der Böses tut, in stillem Mitgefühl zu begegnen und seine schlechten Taten auf das Entschiedenste zurückzuweisen. Es bedarf weder eines Urteils noch einer Verurteilung, denn wahrlich: Wer das Böse gewählt hat, hat sein Leben selbst verwirkt und der ist dem sicheren Tod überantwortet.

Unterscheidet, erkennt, habt Mut, die alten Glaubenssätze abzulegen, denn die Lauen können nicht eingehen in die Himmel, die den Lichtkriegern der ersten und letzten Stunden in unermesslicher Herrlichkeit bereitet sind.

DER RADIKALE »WEG DER MITTE«

Ich sage euch: *Der »Weg der Mitte« bringt euch nirgendwohin! Es gibt nur einen Weg — den Weg der Liebe!*

Dieser Weg ist immer ein radikaler Weg, erfordert radikale Entscheidungen und Mut, sich vom Bösen, das überall auf dieser Erfahrungsebene lauert, abzukehren.

Der »Weg der Mitte« wird völlig falsch verstanden. Dieser bedeutet nicht, tatenlos dem Treiben auf dieser Welt zuzusehen, sondern bedeutet, aus seiner Mitte heraus — als liebendes Wesen — diesem Treiben ein Ende zu bereiten: durch die Wahrheit und durch das Licht.

Irrtümer sind unter der Menschheit so weitverbreitet, wie es die Religionen sind, die einzig dafür erschaffen wurden, um euch von eurem inneren Kern, von der Wahrheit in euch selbst und vor allem von der unmittelbaren Gotteserkenntnis abzuhalten.

Priester täuschen die Menschen und Gurus führen sie in die Irre. Nur der wahrhaft Erleuchtete kann den Menschen die Spur in das Licht, den Pfad ins Leben und die Tore in den Himmel weisen; und wahrhaft Erleuchtete sind in keiner Kirche und keiner Religion im Gewand eines Priesters oder im Mantel eines Gurus zu finden.

Um Freiheit, Frieden und Liebe zu erlangen, bedarf es einer radikalen Einstellung, einer Konsequenz und Achtsamkeit, Mut und Hingabe, die unter den Menschen seltener anzutreffen sind als Oasen in der Wüste.

Erkennt die Wahrheit des Lichts und die Wirklichkeit der Finsternis und richtet eure Handlungsweisen danach aus, dann habt ihr alles von Wert für diese Zeit begriffen.

Mit diesen Worten möge euch ein Licht aufgegangen sein und möget ihr dieses Licht auf der Anhöhe zum Erstrahlen bringen — und es halten bis an das Ende der Zeit.

Der Sohn Gottes ist mitten unter euch,
in Ewigkeit.

Ich bin SANANDA

Reich ist der,
der in Gott lebt.
Arm ist der,
der Gott nicht kennt.
Das ist das Gesetz.

SANANDA

SPIRITUELLE WAHRHEIT DER ENDZEIT, TEIL II

Gespräch mit SANANDA
22.07.2014

JJK: Bin heute mit der Frage aufgewacht; und diese Frage beschäftigt mich bis jetzt zum Nachmittag: Warum auch so viele wohlhabende und finanziell als reich zu bezeichnende Menschen ein Geldthema haben? Viele sind gierig oder können nicht genug bekommen, manche horten (sparen) das Geld und geben kaum etwas weiter, so es nicht ihrem eigenen direkten Nutzen dient. Manche Menschen verstecken ihren Wohlstand, nur damit sie nichts abgeben müssen, andere bewahren diesen, so, als würden sie diesen in den Himmel mitnehmen wollen; und vor allem: Reichtum und Fülle sind offensichtlich unterschiedliche Dinge? Wie hängt das zusammen? Somit ist auch Armut per se kein Zeichen eines Mangels?

Ich bin SANANDA

Beleuchten wir die Vielschichtigkeit dieses Themas, damit der Blick auf das Wesen der Fülle vollständig wird.

In der Tat, es gibt derer viele, die ihren irdischen Reichtum, ihre irdischen Güter verbergen, diesen vor den Menschen verstecken, damit sie nichts weitergeben müssen? Dennoch gelingt es diesen Menschen, diesen zu mehren? Warum?

Wissenswert ist, dass ein jeder Mensch, der in diese Welt geboren wird, eine oder mehrere spezifische Erfahrungen auf dieser Ebene des Seins gewählt hat.

Die Erfahrung, über ein hohes Ausmaß an Geld, Besitz und Wohlstand zu verfügen, ist eine Wahl, die ganz bewusst getroffen werden kann. Genauso wird die Erfahrung der Armut gewählt und des mannigfachen Leides; alles Erfahrungen, die auf dieser Seinsebene abzurufen sind.

Viele Menschen, die ihren irdischen Besitz bewahren und unter allen Umständen mehren, anstatt diesen mit den Menschen zu teilen oder in die Welt fließen zu lassen, müssen den richtigen Umgang mit Vermögen erst erlernen.

Dazu dienen zumeist mehrere Leben, in denen sehr oft karmische Verknüpfungen entstehen, die zu gegebener Zeit ausgeglichen werden müssen.

Denn *irdisches Vermögen, Reichtum dieser Art, ist immer auch mit dem Machtthema verknüpft. An der Frage, wie setzt ein Mensch die ihm durch sein Vermögen verliehene Macht ein, entscheidet sich das Wohlergehen dieses Menschen für viele Inkarnationen.*

Der Umgang mit Geld und die Handlungsweisen eines vermögenden Menschen sind, so diese Erfahrung erstmalig gemacht wird, zumeist ego-bezogen und haben mit dem Fließen der Fülle nichts zu tun. Somit gilt immer zu berücksichtigen, welche Erfahrung ein Mensch, ehe er auf Erden geboren wird, für sich gewählt hat. »Reiche« Menschen können somit genauso im Mangel leben wie Menschen, denen man die Armut, sehr oft jedoch nicht den Mangel, ansieht.

Somit sind wir bei der »Armut« in diesem Bezug angelangt. Arm ist der, für dessen Lebenserhalt nicht gesorgt ist, und arm ist der, der die geistigen Ursachen dafür nicht kennt. Auch diese Armut wird gewählt. Grundsätzlich gilt es festzustellen:

Fülle bedeutet die innere Gewissheit, dass für alles im Leben eines Menschen aus der Urquelle des Seins gesorgt ist.

Gott sorgt sich um alles, das gilt es zu verinnerlichen.

Fülle richtet sich nicht nach dem Vermögen, nach Besitz oder Reichtum, sondern nach dem inneren Vermögen, sich in der Fülle Gottes zu erfahren und jeden Tag daran teilzuhaben!

ARMUT AM LICHTPFAD

Warum gibt es Armut, Menschen, die mit tatsächlichen existenziellen Problemen kämpfen, und warum ist dies bei den Lichtkriegern sehr häufig zu beobachten?

Neben der Tatsache, dass auch Armut erfahren werden will, liegen der Armut vieler Menschen karmische Umstände oder/ und deren ablehnende Haltung gegenüber Vermögen und Vermögenden zugrunde.

Menschen, die sich bewusst werden und den Weg des Lichts betreten, werden zuallererst mit ihren noch unerlösten Themen konfrontiert. Dabei spielen Geld- und Machtthemen eine entscheidende Rolle.

Das heißt, Lichtkrieger müssen, ehe sie in die Fülle zurückgelangen, ihre Blockaden lösen und sich von ihren karmischen Verflechtungen, die mit Geld- und Machtthemen zu tun haben, befreien.

Hat ein Mensch sein »Erwachen« gewählt, dann wird er unweigerlich mit sich selbst konfrontiert; konsequent und auf allen Ebenen.

Bei vielen jüngeren Seelen ist dies nicht der Fall. Diese willigen in ein Leben als wohlhabender Mensch ein und erfahren dieses; diese Menschen stehen zumeist am Beginn ihres Inkarnationszyklus. Reich ist nicht gleich reich und arm ist nicht gleich arm.

Des Weiteren gibt es eine kleine Gruppe von Menschen, und dies betrifft vor allem die Lichtkrieger der ersten und letzten Stunden, die in der Fülle Gottes leben, jedoch umfassender Wohlstand oder finanzielle Sicherheiten treten nicht ein. Dieser Zustand dient der Notwendigkeit, dass bestimmte Aufträge dieser Wesenheiten in der Raumzeit nur unter diesen Bedingungen optimal erfüllt werden können. Jedoch für diese Lichtkrieger ist gesorgt, und dieses Wissen ist diesen Menschen sehr vertraut.

JJK: Warum trennen sich manche Menschen schwer vom Geld, obwohl sie sich vieles schon bewusst gemacht haben, und warum geben manche von dem Wenigen, über das sie verfügen, viel, und andere wiederum von dem Vielen, worüber sie verfügen, wenig weiter?

Ich kann das sehr gut bei den Lichtwelt-Unterstützern ablesen. Viele, es ist die überwiegende Anzahl jener Menschen, die uns finanziell unterstützen, geben in einer Intensität Freude und Liebe, die bedingungslos und Ehrfurcht gebietend ist; entweder von dem Vielen viel oder von dem Wenigen alles; manche allerdings, gleich ob sie über viel oder wenig Vermögen verfügen, geben gerade so viel, dass sie ihr Gewissen beruhigen, manche mehr, andere weniger, jedoch nie »bedingungslos«. Hier tritt jede menschliche Facette im Bezug zu Geld, der Fülle, zu Nehmen und Geben, hervor.

SANANDA: Jene, die von dem Vielen wenig geben, tragen einen innerlichen Existenzkampf aus. Das Viele scheint ihnen immer zu wenig und diese Menschen benötigen vor allem Sicherheit.

SICHERHEIT UND SPAREN

Sicherheit, die bis in den Lebensabend durchkalkuliert ist. Leben ohne Netz und im Gottvertrauen ist in der Tat etwas völlig anderes, und viele ambitionierte Lichtwesen müssen diese Fähigkeit dazu und diese Erkenntnis erst etablieren: Dass Gott es ist, der alles ist und alles gibt, und dass es zuallererst darauf ankommt, den Willen Gottes zu erfüllen, damit sich das Leben erfüllt, diese Weisheit ist noch nicht verankert in diesen Menschen und kann folglich noch nicht gelebt werden. Was bedeutet, dass ein »bedingungsloses Geben« unmöglich ist.

Des Weiteren sind sich diese Menschen darüber im Unklaren, dass jedes Zurückhalten von Geld den Fluss des Lebens blockiert. ***Geld »sparen« ist eine große Dummheit, denn das bedeutet, bei sich selbst zuerst zu sparen.***

Sich selbst etwas vorzuenthalten, kann den Fluss der Fülle nicht aktivieren, gleich wie viel Geld jemand besitzt oder wie viel Vermögen jemand sein Eigen nennt.

Geld zirkulieren lassen, damit es fließt, ist der Weg.

Wichtig dabei ist, das Geld dahin fließen zu lassen, wo es seine gute Wirkung verrichten kann.

REICH UND ARM

Dies muss im exakten Einklang mit der inneren Ausrichtung des Menschen stehen. Das heißt, es ist nicht ratsam, willkürlich Geld auszugeben in der Annahme, dass es erst dann wieder zurückfließen kann. Fülle ist in diesem Fall falsch verstanden. Alles, was ein Mensch tut, muss im Kontext seines Lebens und seiner Aufträge gesehen werden. Menschen, die von dem Wenigen, das sie besitzen, alles dahin fließen lassen, wo sich ihre Seele findet, die haben verstanden, die vermehren ihren Reichtum unentwegt und die Leben in der Fülle Gottes. Dieses Verhalten ist zumeist bei älteren Seelen ausgeprägt.

JJK: Das heißt, Reichtum ist nicht unbedingt ein Zeichen von Fülle und die irdische Besitzlosigkeit kein Zeichen von Armut?

SANANDA: Reich ist der, der in Gott lebt. Arm ist der, der Gott nicht kennt. Das ist das Gesetz.

Alles, was darüber hinaus oder daran vorbeigeht, beschreibt die individuellen Entscheidungen eines Menschen und die gewählten Erfahrungen. Diese Dynamik gehorcht dem Spiel des Karmas und endet, sobald ein Mensch beschließt, daraus auszusteigen.

JJK: Komme nun zu einem anderen Thema: Im Halbschlaf, es war kein Traum, sah ich vor meinem Inneren Auge plötzlich Edward Snowden auftauchen. Ganz präsent und klar. Danach sah ich einen Kreis, einen sehr großen Planeten und dann Sterne, die der Reihe nach in diesen Kreis hineinflogen und darin verschwanden?

SANANDA: Diese Szene zeigt zweierlei auf.

EDWARD SNOWDEN

1) Das Wesen mit dem Namen Edward Snowden hat der Menschheit Dinge offenbart, derer sie sich selbst nicht bewusst werden wollte. Dinge, die nichts anderes als die Wirkungsweise und die Natur des Bösen, der Dunkelheit, beschreiben.

Die Konsequenzen und Folgen dieser Enthüllungen werden noch weit stärker an die Öffentlichkeit gelangen als bisher und diese Wahrheit bringt das geopolitische Gefüge ordentlich ins Wanken, ehe es zusammenbricht. Seither ist der letzte Rest an Vertrauen in die Politik und an deren Vertreter geschwunden. Immer mehr Menschen werden wachsam gegenüber dem politischen Establishment und dies ist vor allem diesen Enthüllungen zu verdanken. Ein zweiter wichtiger Punkt ist, dass diese Wahrheiten unmittelbar auf die Aufstiegsdynamik einwirken, da sie Lügen, Betrug und Hinterlist erlösen. Mächtige Energien, die transformiert werden, ehe der Aufstieg die ganze Welt erfassen kann.

Auf unterschiedlichen höheren Seinsebenen der vierten Dimension wird das Andenken an Edward Snowden geehrt und der Verdienst im wahren Wert erkannt. Diese »Verehrung« und »Wertschätzung« werden auch vielen neuen aufgestiegenen Meistern auf diesen Ebenen heute bereits zuteil.

ABSPRENGUNG DER GALAXIE

2) Die in den großen Planeten fliegenden Sterne beschreiben die Absprengung der Galaxie und das Entstehen dieser neuen Galaxie. Die Absprengung der Galaxie bedeutet, dass sich alle lebendigen Organismen dieser Galaxie an einen neuen Platz in der Galaxie verfügen. Der große

Planet, von außen als »runde Kugel« wahrgenommen, ist dieser Ort, ist die neue Galaxie, deren Hüterschaft euch übertragen wurde.

Dies war möglich, da viele Bewusstseinsprozesse auf dieser Erde eingeleitet wurden; und dabei ist die Erkenntnis eines Teils der Menschen, dass sie von einer dunklen Macht am Fortschritt gehindert wurden, von großer Bedeutung.

Die Lichtkrieger der ersten und letzten Stunden hatten durch ihr beharrliches Stehen im Schlachtfeld dieser Zeit den Sieg über alles Niedere errungen und wurden somit zu den Hütern dieser Galaxie erhoben. Und auch die große Menschenschar hatte ihren Teil beizutragen, damit sich dies erfüllen konnte. Deren Anteil bestand darin, wachsam zu werden und den derzeitigen Herrschern das Vertrauen zu entziehen und selbst in die Kraft, Klarheit und Macht zu gelangen.

Hier wirken sehr viele Ereignisse zusammen, es überlagern sich erkannte und noch unerlöste Themen dieser Zeit, bis die Wahrheit alle und alles durchdringt, da die Menschen gelernt haben, auf die Lügen hinzublicken.

Auf allen niederschwingenden Ebenen der 4D ist jede Enthüllung eines Verbrechens der Dunklen ein sehr hilfreiches Faktum, da dadurch die Schwingung auf diesen Welten angehoben wird, was dem 5D-Dimensionswechsel sehr zuträglich ist. Jede Ebene erfährt den Wandel auf einmalige und ganz spezielle Weise und hier ist dies angesprochen.

JJK: Komme nun noch einmal auf das Geldthema zurück und auf die faktische Armut so vieler Menschen, auf die Tatsache, dass Menschen an Unterernährung sterben. Ist das wirklich die Wahl all dieser Menschen? Oder laufen manche Dinge einfach aus dem Ruder, sind manche Ereignisse nicht exakt vorhersehbar, trotz aller Weisheit und des Wissens, das uns, bevor wir geboren werden, zur Verfügung steht?

SANANDA: Beides ist zutreffend, beides ist richtig.

STERBEN DURCH UNTERERNÄHRUNG

Jedes Leben bietet unterschiedliche Potenziale oder »Rollenbilder«. Das heißt, die an Unterernährung sterbenden Menschen sahen vor ihrer Geburt sehr genau, was sie auf dieser Welt erwartet; und genau deshalb stiegen sie herab. Zum einen, da sie durch ihr »Sterben« der Menschheit ein Bild geben, wie es eindringlicher nicht sein könnte, und dies so lange, bis der einzelne Mensch darauf reagiert, wodurch die ganze Menschheit in Bewegung gerät!

Diese Zustände können nur beseitigt werden, wenn der Menschheit dreierlei bewusst wird:

a) dass es dieses Sterben überhaupt gibt,

b) dass jemand dafür verantwortlich ist,

c) dass die Verantwortlichen Zeugnis und Rechenschaft für ihr Verbrechen abzulegen haben, Vergebung für ihre Verbrechen erbitten und Wiedergutmachung auf irdischer wie spiritueller Ebene durchführen müssen.

Diese Existenz, unter jeder menschlichen Würde, zeigt der erwachenden Menschheit auf, dass diese Zustände verändert werden müssen; und dieses Bewusstsein breitet sich mehr und mehr aus. Was gleichbedeutend mit der Schwingungserhöhung der Welt ist.

Die solcher Art leidenden Menschen verrichten einen unschätzbar großen Dienst der Liebe an dieser Welt und an der Menschheit oder aber sie erlösen mit diesem Leben eigene Verstrickungen.

UNTERSCHIEDLICHE JETZT-ZEITEN

Des Weiteren ist auch in diesem Fall die Multidimensionalität jedes Menschen von Bedeutung. Das bedeutet, dass ein jeder Mensch alle Erfahrungen zugleich macht! Arm und reich, ohnmächtig und machtvoll, gottlos und Gott liebend: gleichzeitig. Mit dieser übergeordneten Sicht verlieren bestimmte Umstände ihre Ausschließlichkeit, was sie jedoch nicht rechtfertigt. Diese Tatsache macht die Dinge auf dieser Welt nicht besser, jedoch es lässt den tiefen Sinn und das Gesamte erkennen: Alles ereignet sich im Jetzt!

Allen aufsteigenden Menschen wird das Jetzt jetzt zunehmend bewusster. Daher heißt es in den Schriften: *»Verurteilt nicht, auf dass ihr nicht selbst verurteilt werdet!«*

»Selbst« bezieht sich darauf, dass ihr in einer anderen Existenz der Mörder seid, den ihr hier verurteilt oder ein Heiliger, den ihr hier belächelt oder mit Spott überzieht. *Alles kommt immer bei euch selbst an, da alles von euch selbst ausgeht.*

JJK: Ein wenig verwirrend? Ist das immer so?

SANANDA: Daran ändert sich erst etwas, so ein Mensch seine Verbindungen zu allen seinen niedrigen Existenzen abbricht.

Das heißt, so ein Mensch seine ganzen multidimensionalen Ausdrucksformen von allen 3D- und 4D-Welten zurückzieht oder auflöst, da er bedingungslos und mit aller Kraft in das Licht Gottes zurückkehren möchte. Dann beginnt eine völlig andere »Jetzt-Zeit« zu wirken, da sich von da an ein jeder Mensch als multidimensionales und vor allem als *erwachtes Wesen* wahrnimmt.

Ganz im Unterschied zu einer multidimensional unbewussten Wesenheit. Das heißt folglich: ***Erleuchtung bedeutet, alle Spiegelungen seines niederen Selbst auf allen niederen Seinsebenen von* 3D *und* 4D *aufgelöst zu haben.***

Das Jetzt bleibt unberührt. Das Erfahren des Jetzt gibt den Ausschlag. Ein Erleuchteter erlebt ausschließlich sein licht- und liebevolles Jetzt und ist nicht mehr mit seinen dunklen Ausprägungen konfrontiert. Ganz anders bei einem unbewussten Menschen.

Dies ist wichtig zu unterscheiden, damit ihr die vielen Bilder des Lebens richtig deutet. Mörder oder Heiliger? Ein Erleuchteter ist diesem Spiel entstiegen — auf allen Ebenen des Jetzt.

JJK: Das fühlt sich für mich nun sehr klar an; und die Aufsteigenden lösen alle niederen Selbste nun auf?

SANANDA: Ja, das geschieht jetzt und ist zugleich Bedingung für den Aufstieg. Dadurch können alle Raumzeitebenen verlassen werden. Diese Erfahrung als niederschwingendes multidimensionales Wesen bleibt dem unendlichen Bewusstsein eines Erwachten immer gegenwärtig, jedoch sind alle Verknüpfungen dazu gelöst.

Das ist eine weitere Fähigkeit, die euch so einmalig macht in den Weiten der Schöpfung, da sich die meisten Wesenheiten dieser Erfahrung, diesem vielfältigen Spiel der Illusion, nicht ausgesetzt haben.

Ihr seid wahrlich »speziell« und als solche überall im Sein zu erkennen. Mulitidimensionalität ist nicht gleich Multidimensionalität. Auch dabei gibt es bedeutende Aspekte, die sich auf die verschiedenen Ebenen bezogen völlig anders darstellen.

JJK: Merke, dass das Gespräch nun ausklingt ...

SANANDA: In der Tat. Wir haben die wertvollen Themen besprochen, damit die Menschen, die diesen Zeilen folgen, neue Erkenntnisse erhalten und das Zeitgeschehen direkt mit ihrem Leben verknüpfen können. Weitere Erkenntnisse werden gegeben und viele Gaben des Himmels stehen bereit.

Die Unendlichkeit der Schöpfung wird greifbar; für euch, die ihr den Pfad der Wahrheit betreten, die Brücken des Lichts passiert und die Tore der Liebe durchschritten habt ...

In unendlicher Liebe bin ich es, der da ist — mitten unter euch.

SANANDA

Eine bewusste und
deutlich gemachte
Absicht setzt sich
immer durch und
kann niemals
durch ein Wort
blockiert werden,
gleich welches Wort.

SANANDA

SINN ALLEN LEBENS, TEIL I

Gespräch mit SANANDA
02.09.2014

Bericht: Am Nebentisch, ich sitze in einem Kaffeehaus, höre ich einen noch recht jungen Mann sagen: »Die besten Geschichten schreibt man, solange man ganz jung und frei ist. Sobald man an einen Verlag gebunden ist, geht das nicht mehr.« Und kurz darauf derselbe zu seinem Gegenüber: »Ich zweifle am ganzen Sinn dieses Lebens ...«, woraufhin dieser von seinem Gegenüber völlig verständnislos und wortlos angestarrt wird ... (Bericht Ende)

Ich bin SANANDA

mit meiner Liebe allgegenwärtig auf dieser Welt — an der sich Gottes Vorhersehung mit der Menschheit erfüllt, und das in diesen Tagen.

EROSION AUF ALLEN EBENEN

In diesen wenigen Worten des eingangs beschriebenen Berichts liegt die ganze Wahrheit dieser Zeitqualität. Damit sind die Abwesenheit der Freiheit und die Wirklichkeit der

Sklaverei, in der sich der überwiegende Teil der Menschheit in unterschiedlichen Arten befindet, beschrieben.

Dieser Bericht zielt auf die globale Manipulationsindustrie hin. Auf Medien, die seit ihrem Bestehen Diener der Dunkelheit sind und es nur vereinzelt wagten, mutig von dem Zeugnis abzulegen, was ist, und nicht das zu berichten, was vom »Syndikat« erwünscht und verlangt wird.

Der wichtigste Teil dieser Botschaft ist jedoch der abschließende Satz, in dem die »Sinnhaftigkeit« dieses Lebens infrage gestellt wird. Denn genau an diesem Punkt stehen heute viele Medienvertreter, und es werden immer mehr. Das heißt: Auch diese Ebene der menschlichen Gesellschaft wird mit Licht geflutet, bis sich auch dort ein kritisches Momentum auftut, was die Ablöse des finsteren Systems maßgeblich beeinflusst. Dies alles sind aktuelle sehr rasch und konsequent ablaufende Prozesse, es ist die Erosion der Gesellschaft auf allen ihren Ebenen. Alles, was morsch ist, zerfällt auf allen Ebenen.

JJK: Welche Ebenen betrifft dies?

SANANDA: Alle 4D-Ebenen, die auf unterschiedliche Weise von diesen Machenschaften befreit werden. Wobei die höchsten 4D-Welten auf eine sehr sanfte Weise den Übergang in eine lichtvolle Gesellschaftsform bewerkstelligen.

ESO-SYMPATHIE FÜR NAZIS?

JJK: Mich beschäftigt seit einiger Zeit die Frage, warum in der Esoterik-Szene die Sympathie zum nationalsozialistisch-faschistischen Gedankengut und zum Hitlerregime so weitverbreitet ist? Woher kommt dieser für mich sehr bedeutende und zugleich auch schwer zu ertragende Zustand wirklich?

SANANDA: Aus dem noch unerlösten Drama des Zweiten Weltkrieges und vieler Kriege, in die die Menschen zuvor involviert waren. Viele Menschen, die heute durchaus fundiert den spirituellen Weg beschreiten, waren zu jener Zeit auf Erden inkarniert. Von jenen Menschen, die sich bis heute in diesem Gedankengut und der »Mystik«, die davon ausgeht, wiederfinden, kamen viele »damals« gewaltsam zu Tode, ohne vor dem Tode eine einschneidende Erkenntnis über die tatsächlichen Absichten des »Deutschen Reiches« oder ähnlicher Bewegungen zu erlangen. Diesen Mangel an Wissen und Erkenntnis nahmen diese Menschen in dieses Leben mit und so stehen sie nun davor, dies erlösen zu können. Dabei dient vor allem das okkulte Wesen des Nationalsozialismus als Brücke zur Esoterik.

So entsteht eine unheilige Verknüpfung zwischen wahrlich lichtvollen und zutiefst diabolischen Aspekten. Beachtenswert ist vor allem auch, dass jene Menschen, die sich dieser Mythologie zugehörig fühlen, ihre Ansichten als lichtvoll wahrnehmen und ihrer elitären Gesinnung, die einer Rasse die Herrschaft über alle anderen Rassen einräumt, einen philanthropischen Anstrich verleihen.

Das Mitgefühl dieser Menschen begrenzt sich auf die eigene Klientel und schließt alles, was anders ist, davon aus. Somit ist hier der Weg der Liebe deutlich verlassen und der Weg der Einheit aller Menschen in Gott verfehlt.

Alles in allem eine äußerst destruktive Auslegung des kosmischen Gesetzes der All-Einheit allen Lebens, die den menschlichen Geist verwirrt und die spirituelle Ausrichtung eines Menschen von vornherein untergräbt.

JJK: Ja, und ich merke auch, dass diese Menschen von dieser ihrer »Fehlleitung« überhaupt keine Kenntnis besitzen und sich in ihrer scheinbaren Überlegenheit äußerst sicher und wohl fühlen.

Manche meinen gar die deutsche Sprache sei die reinste, klarste und bedeutendste aller Sprachen und diese versteht es, das »Wort Gottes« am besten ins Wort zu fassen; jedenfalls glauben diese Menschen, die deutsche Sprache wäre allen anderen »überlegen«. Eine Skurrilität mehr in dieser Szene, die scheinbar grenzenlosen Wahnsinn »propagiert«, nur um die Menschheit zu trennen, anstatt uns zu einen. Andere wiederum sagen, Hitler wollte keinen Weltkrieg und wurde in diesen hineingetrieben. So macht man aus Tätern Opfer und ich finde das absolut abstoßend. Um es überspitzt zu sagen, mit jemandem, der für die Ermordung von 6 Millionen Juden verantwortlich ist und in der Summe immerhin einen Krieg, der nach unterschiedlichen Schätzungen bis zu 80 Millionen Tote gefordert hat, wesentlich mitverantwortet, habe ich weder Mitleid noch eine Entschuldigung parat!

Dass sich das aus kosmischer Sicht relativiert, kann nicht dazu dienen, dieses Verbrechen an der Welt und an der Menschheit schönzureden. Hier gilt es durchaus auch die Waagschale der Menschen aus Fleisch und Blut zu berücksichtigen und auf dieser Ebene ist die Waagschale des Schöpfers aus meiner Sicht eher zweitrangig. Ein Verbrechen zu verstehen ist das Eine, es ist jedoch etwas völlig anderes, diesem eine Art Legitimität zu verleihen, was die vielen Menschen, die diesem Kult aus der Esoterik-Szene anhängen, tun.

Sehr absurd und diabolisch, wie es mir scheint; der Teufel hat hier ein leichtes Spiel?

SANANDA: Es herrscht absolute Verwirrung, das ist der Zustand, und diese wurde von den unterschiedlichen Fürsten der Finsternis gezielt gesät, um die spirituellen Sucher in die Irre zu führen. Dafür bediente man sich der menschlichen Fehlprogrammierungen und der Methode, dunkle Botschaften als lichtvoll auszugeben, damit diese Menschen unempfänglich werden für tatsächlich lichtvolle Quellen. Ein weiterer Effekt ist, dass diese Menschen ihre eigenen Tendenzen des Despotismus, der Gewalt, die sie zunächst sich selbst gegenüber durch das Ignorieren ihrer Themen ausüben, nicht erkennen. Das spiegelt sich im Außen und bedingt die generelle Verachtung allem »minderwertigen« Leben gegenüber, bedeutet Ausgrenzung, fördert die Gnadenlosigkeit und den Hass gegenüber vielen Menschengruppen. Eine Tatsache, die den Esoterik-Jüngern, die dieser finsteren okkulten Tradition viel abgewinnen können, nicht bewusst ist und die sie sich auch nicht bewusst machen wollen.

Heißt: Eine lichtvolle Quelle wird nicht mehr als lichtvoll erkannt und eine dunkle Quelle nicht als dunkel. So bildete sich ein »Graubereich« in der Esoterikszene heran: Menschen, die alles vermengen und nichts wirklich erkennen können. Fern ihrer göttlichen Unterscheidungskraft laufen die alten Programmierungen weiter, bis dies erkannt wird.

Grundsätzlich geht es darum, dass der Weg der bedingungslosen Liebe verlassen wurde oder nicht beschritten wird, und der Weg, der die Menschen trennt anstatt eint, wird als ein Lichtweg angepriesen. Das ist der Punkt.

Nationalsozialistische oder faschistische Regierungsformen stellen, wie jede Regierungsform der Dunklen, gleich, unter welchem Begriff diese firmiert, das Trennende in den

Vordergrund, das »teile und herrsche« Prinzip; und diese Herrschaftsformen haben immer das eigene, das Wohl einer kleinen Elite, niemals aber das Wohl aller Menschen im Auge. Dass wir alle Kinder Gottes sind mit göttlichen Rechten, die ausnahmslos jedem Menschen übertragen sind, entzieht sich diesem Denken völlig. Allein dies beweist, dass hier dunkle Kräfte am Werk sind und die Abwesenheit des Lichts vollkommen ist. Eine lichtvolle ist von einer lichtlosen Regierungsform leicht zu unterscheiden, so man die Antwort auf die Frage »Wem dient das System?« und deren Repräsentanten kennt.

IST HEILUNG MÖGLICH?

JJK: Was kann den Menschen, die hier erneut einem Irrtum aufsitzen, Heilung bringen?

SANANDA: Es braucht zuallererst die Bereitschaft dazu. Das heißt, den Willen zu erkennen, dass hier etwas grundlegend falsch verstanden ist und dass dies aufgrund noch unerlöster alter Dramen derart ist.

Dieser »Wille« kristallisiert sich nach und nach heraus, meist nach vielen Leben im Irrtum. Meist so lange, bis man des Irrtums überdrüssig geworden ist, da damit immer sehr viele Schmerzerfahrungen einhergehen. Menschen, die im guten

Glauben einer destruktiven und verbrecherischen Regierung dienten und im Feuer eines Krieges selbst Opfer wurden, haben so lange, bis sie für die Lösung dieses Themas und der daraus entstandenen Verwundungen an Leib und Seele bereit sind, keine andere Chance, als den Irrtum von gestern zum richtigen Standpunkt von heute zu erklären.

Das heißt, für die, die den spirituellen Lichtweg wirklich gehen wollen und von solchen unerlösten Gedankenmustern durchwirkt sind, zuallererst diese Reinigungsarbeiten im Denken und Empfinden mental und emotional zu tun.

Ohne das Auf- und Erlösen dieser destruktiven Denk- und Verhaltensmuster, dieser negativen Programmierungen, ist das Erwachen in eine voll-bewusste Wesenheit unmöglich.

JJK: Diese Tatsache hat die ganze Esoterik-Szene verseucht, kommt mir vor. Die Wahrheit wird nicht mehr als solche erkannt und die Menschen folgen dunklen Botschaften und dunklen Botschaftern zuhauf?

SANANDA: Das ist von den Orion-Protegés gezielt so beabsichtigt! Denn es galt, Finsternis in ursprünglich lichtvolle Kreationen einzuschleusen. Wie bei einem Wurm, der einen Apfel von innen heraus ungenießbar macht, wurden die reinen Absichten vieler Menschen verwässert und verunreinigt.

Dabei bediente man sich geschickt der noch unerlösten Ängste im Menschen und, anstatt auf die Erlösung hinzudrängen, vermieden die Menschen in der Folge genau diese unter allen Umständen.

Viele Botschaften aus den dunklen Ebenen zeugen davon und werden von den Empfängern dennoch als lichtvoll ausgegeben. Die Verwirrung in der Esoterik-Szene ist nahezu absolut und das entspricht durchaus auch der Logik dieser Endzeit.

In diesem Abschnitt des Wandels tritt alles deutlich hervor, schließlich dachten viele Menschen vor Jahren noch, dass diese Verwirrung gar nicht existiere; ein enormer Reinigungsvorgang, der sich aktuell ereignet auf allen Ebenen.

JJK: Das heißt, hier gibt es durchaus die Gelegenheit noch zu erkennen?

SANANDA: Ja, die gibt es immer! Und ich lege jedem Lichtkrieger dringend ans Herz, sich zu prüfen, so nationalsozialistische Inhalte Wohlgefallen hervorrufen oder ein Resonanzfeld dahin existiert.

Prüft genau, was es ist, woher dies kommt und ob es angemessen ist? Dann habt ihr viel getan, um Klarheit zu erlangen.

WIE ENTSTEHT RESONANZ?

JJK: Das Wort »Krieg« löst in vielen Suchern Unbehagen aus; und zwar auf diese Weise, dass sie meinen, indem man es verwendet, zieht man den Krieg auf sich und in diese Welt hinein. Ich selbst denke, dabei handelt es sich um einen weiteren Irrtum am Weg. Denn die frühe Erkenntnis, dass sich aktuell ein neuer Weltkrieg aufbaut — gleich welche Ebene dieser auch erreicht — kann diesen eher verhindern als das Verschweigen dieser Tatsache; und das in Anbetracht der Faktenlage, dass alle geopolitischen Ereignisse dahin deuten?

SANANDA: Auch dieser Aspekt ist von vielen spirituellen Suchern nicht zu Ende erkannt.

Resonanz entsteht dort, wo sich ein Mensch innerlich öffnet, und nicht dort, wo ein Wort auf eine spezifische Weise verwendet wird, um Resonanz und das Öffnen zu verhindern.

Auch dies ist eine Falle der Dunklen, die von der Esoterik-Welt weitgehend noch nicht erkannt worden ist oder als unbedeutend abgetan wird. Gegen den Krieg zu sein, geht nur, indem man vom Krieg spricht. Es ist ganz einfach. Nehmt euch hier Kinder als Beispiel, was Kinder ablehnen, bringen sie, solange sie von der Gesellschaft oder von unwissenden Eltern nicht zurückgehalten werden, immer klar zum Ausdruck: Ich will dies oder jenes oder ich will dies oder jenes NICHT!

Sie sprechen eine klare Sprache und sprechen deutlich aus, was sie wollen und was NICHT.

JJK: Das Wort »nicht« soll man nicht verwenden, ist auch eine weitverbreitete Ansicht, da das Unterbewusstsein dieses Wort nicht erkennt, was zur Folge hat, dass das exakte Gegenteil der Absicht eintritt?

SANANDA: Das ist nicht immer so.

Eine bewusste und deutlich gemachte Absicht setzt sich immer durch und kann niemals durch ein Wort blockiert werden, gleich welches Wort.

Das bewusste und behutsame Verwenden von Begriffen und Wörtern ist unendlich wertvoll und nötig. Jedoch es ist nicht das Salz, auf das es ankommt, um eine Speise bekömmlich oder ungenießbar zu machen. Auch hier ist der innere Impuls eines Menschen, die wahre Absicht eines Menschen, weit mächtiger als ein ausgesprochenes Wort.

Wer an Worten klebt, der bleibt in seiner Entwicklung stecken.

JJK: Das heißt zusammengefasst: Irrtümer, wohin ich blicke, Erkenntnis der Menschheit ungewiss?

BETRACHTET DIE FRÜCHTE

SANANDA: Ja und nein. Irrtümer überall, ja, jedoch Erkenntnis gewiss!

Denn diese bahnt sich immer den Weg durch alle Ebenen des Seins, auch durch solche Ebenen und Menschen, die augenscheinlich keinerlei Potenzial dafür aufweisen.

Alle Menschen, die sich heute verlaufen, werden morgen ankommen und viele, die morgen der Tafel des Herrn fernbleiben, werden übermorgen willkommen geheißen im Licht.

Als Richtschnur für »richtig« oder »falsch« für »lichtvoll« oder »dunkel« sind immer die Früchte, sind die Taten eines Menschen, einer Gesellschaft oder eine Regierungsform maßgeblich: Sind die Früchte am Felde zur Erntezeit verdorrt oder von Fäulnis befallen, so war die Saat schlecht, gleich ob der Bauer davon Kenntnis besaß oder nicht.

Legt diese Maßeinheit überall an, dann werdet ihr sehr leicht Gutes vom Bösen unterscheiden und dann dürfte eine Verherrlichung alter Zeiten endgültig eurer Geschichte angehören. Gleichwohl wird das Verwenden richtiger Worte in richtigen und notwendigen Zusammenhängen kein Unwohlsein mehr in euch selbst auslösen.

Ich bin das Leben und mit mir kehrt die Menschheit in das Leben zurück.

Mit mir, der ich bin der Menschheit bedingungsloser Diener und der ich bin Gottes Ebenbild und Licht.

SANANDA

Es sind die Kinder,
die der neuen Zeit
Leben einatmen,
und es sind die Kinder,
die die neue Welt
in den Ozean der
Unschuld tauchen.

ASANA MAHATARI

SCHUTZ DER KINDER

ASANA MAHATARI
03.09.2014

Bericht: ***Es ist am späten Nachmittag. Ich bin mit meinem geliebten Sohn NOAH (derzeit knapp 3 1/2 Jahre jung) allein zu Hause. Wir sitzen gemütlich jausnend bei Tisch, als mich Noah unvermittelt fragt: »Siehst du Geister«? Woraufhin sich folgender Dialog entwickelt:***

ICH: Nein. Ich sehe sie nicht, aber fühle, wenn sie da sind.
NOAH: Auch böse Geister?
ICH: Ja.
NOAH: Was machst du dann?
ICH: Dann verjage ich sie mit meinem Lichtschwert — Kopf ab und fertig.
NOAH: Gehen sie dann weg?
ICH: Ja, weil sie müssen.
NOAH: Fürchtest du dich?
ICH: Nein, die bösen Geister fürchten sich dann vor mir; und du Noah, siehst Du Geister?
NOAH: Ja.
ICH: Was für Geister?
NOAH: Böse.
ICH: Was machst du mit den bösen Geistern?

NOAH: Dann nehme ich mein Lichtschwert (dabei zeigt er auf einen vielfärbigen Holzstab, den er gerne verwendet) und verjage sie, ich mache sie tot.

ICH: Fürchtest du dich davor?

NOAH: Nein.

ICH: Siehst du auch gute Geister?

NOAH: Ja, auch gute.

ICH: Wie schauen denn die aus?

NOAH: Grün, rot.

ICH: Wo sind denn die?

NOAH: Oben (er zeigt auf die beiden Schlafzimmer seiner älteren Brüder, die sich oben befinden.)

ICH: Das heißt, die beschützen deine Brüder.

NOAH: Nein. Alle Kinder dieser Welt.

ICH: Sind das viele?

NOAH: Ja, viele. (Ende des Dialoges)

Geliebte Menschen, ich bin ASANA MAHATARI

Die Bedeutung dieses Dialoges zeigt sich in der abschließenden Sequenz »Alle Kinder dieser Welt«.

Ja, alle Kinder dieser Welt genießen und erhalten einen umfassenden Schutz, damit sie diese Zeit und die Ereignisse dieser Zeit gut und weitgehend ohne neue emotionale, mentale und spirituelle Verwundungen überstehen. Gleich welches Kind wo und wie Schaden erleidet und gleich wie es diese Welt verlässt, tief greifende Verletzungen ihrer Energiekörper sind gering und werden, sobald diese Wesenheiten im Licht angekommen sind, augenblicklich geheilt.

Der Schutz des Himmels und die Begleitung durch eine unermessliche Anzahl an Lichtwesen, die diese kleinen Menschen und großen Weisen erhalten, ist vollkommen.

Dieser Verfügung Gottes dienen die Schar der Engel und die Schar der Lichtwesen, denn die Kinder sind in ihrer Unschuld jene, die für die Absichten der dunklen Kräfte am leichtesten zu erreichen sind und deren begehrteste Opfer darstellen.

Dieser Tatsache ist durch diese göttliche Verfügung entgegengewirkt.

Denn wer die Unschuld eines einzigen Kindes für dunkle Zwecke missbraucht, dem wird am Tage der Gerechtigkeit bewusst, welches Vergehen hier begangen wurde und welche Aussöhnung mit dieser Tat verbunden ist.

Es sind die Kinder, die der neuen Zeit Leben einatmen, und es sind die Kinder, die die neue Welt in den Ozean der Unschuld tauchen.

In unendlicher Liebe
ASANA MAHATARI

Wir sind das ausströmende
allgegenwärtige Licht.
Wir sind das kristalline Feld
der Liebe. Wir sind die
durchlässige und
alles durchdringende
schöpferische Kraft.
Wir sind die Erbauer neuer
Welten — überall im Sein.

SANANDA

TYPISCHE MERKMALE AM ZEITENENDE

SANANDA
06.09.2014

Bericht: Bin mit meinem geliebten Sohn NOAH beim Bäcker, als plötzlich zwei Buben — einer etwas größer, der andere etwas kleiner — Noah wüst zu beschimpfen beginnen und ihn in die Ecke des Lokals treiben. Wie »klein« er sei und »dumm«, bricht es aus den Zweien, die von einem dunklen Geist besessen scheinen, heraus. Die Mama oder Oma, die dabeisteht, nimmt fast keine Kenntnis davon und starrt nur Löcher in die Luft. Schließlich greife ich ein und weise beide Buben derart entschieden zurecht, dass alle Kunden und auch die Bedienstete der Bäckerei verstummen. Nachdem sich die Buben, wie ich es von ihnen verlangte, bei Noah entschuldigen mussten, verlassen wir den Ort. Auf der Straße entwickelt sich zwischen mir und Noah folgender Dialog:

JJK: Hast du dich gefürchtet?

NOAH: Nein. Aber warum tun die das?

JJK: Da ihnen niemand sagt, dass sie das nicht tun dürfen. Die Eltern sind scheinbar blöd und somit verhalten sich auch die Kinder so; und die Kinder spüren auch, wie stark du bist, daher wollen sie dich schwach machen.

NOAH: Warum bin ich stärker als alle anderen Menschen?

JJK: Da du so erschaffen bist.

(Dialog Ende)

Diesen Vorfall erzähle ich beim Mittagsessen meiner Frau. Noah hört ganz aufmerksam zu, wobei er uns noch mal unmissverständlich bestätigt, keine Angst gehabt zu haben. Insgesamt nahm ich die Menschen, denen Noah und ich bei unserem heutigen Ausflug begegneten, dumpf und absolut unbeseelt wahr. Wie schon so oft, nur heute mit dem zusätzlichen Eindruck, ihnen eine gewisse Verrücktheit und Unberechenbarkeit (wie den zwei Kindern in der Bäckerei) anzumerken; alles scheint möglich, so die verdrängten Themen hochkommen oder so sich Fremdbesetzungen auswirken.

(Bericht Ende)

Geliebte Menschen
Ich bin SANANDA

Diese Zeitaufnahme des heutigen Tages spiegelt die aktuelle Zeitqualität auf dieser sich unaufhaltsam in das Licht wendenden Welt.

OFFENE ANGRIFFE DER DUNKLEN

Mit allen Mitteln versuchen die Dunklen, indem sie menschliche Wesen in Besitz nehmen, den Lichtkriegern der ersten und letzten Stunden Angst zu bringen oder sie auf irgendeine Weise zu schwächen. Dabei, und das ist neu, attackieren sie diese offensiv. Das »Versteckspiel« ist vorüber, denn dazu reicht die Zeit nicht mehr aus.

Für die finsteren Mächte auf dieser Zeitlinie geht es aktuell um das Ganze; und sie haben nichts mehr zu verlieren, daher werfen sie alles in die bereits verlorene Schlacht. Die Szene in der Bäckerei beschreibt somit zweierlei:

1) überraschende, unverdeckte und offene Angriffe auf die Lichtkrieger nehmen zu und

2) die »Bäckerei« als Sinnbild für das »Brot des Lebens«, das unter allen Umständen von den Menschen ferngehalten werden soll.

Das bedeutet: ***Die Angriffe der Dunklen auf die Lichtkrieger der ersten und letzten Stunden, auf die Meister und auf die angehenden Meister dieser Zeit, verändern sich in der Art und Weise, wie sie vorgetragen werden. Nicht mehr hinterrücks, sondern offensichtlich, da diese Endzeit nur noch diesen Schritt zulässt.***

Vor diesem Hintergrund erinnere ich alle Aufsteigenden daran, ihr Lichtschwert zu benutzen und den Weg der Achtsamkeit zu wählen, denn wahrlich:

Am Ende der Zeit fliegen die destruktiven Kräfte der Finsternis am tiefsten.

Zu der Wahrnehmung von der Umwelt der Menschen, wie von Jahn hier dokumentiert, füge ich hinzu, dass sich mit der ständigen Zunahme der Lichtschwingung auch die Entladungen in den einzelnen Menschenseelen verdichten müssen. Wie in einem »Druckkochtopf« vor der Explosion, so beginnen nun die Menschen »durchzudrehen«, »überzukochen« oder »auszuufern«.

Einerseits halten sie dieser hohen Schwingung nicht mehr stand, andererseits bringt die hohe Schwingung alle dunklen Programmierungen ans Licht.

Ein sehr fordernder Aspekt der Endzeit, der in diesem Ausmaß bisher nicht erfahren wurde; fordernd sowohl für die Aufsteigenden, wie auch für die Zurückbleibenden oder derart fremdbesetzten Menschen.

Insgesamt zeigen diese Tage auf, was ist, was das typische Merkmal des Zeitenendes in einer träge schwingenden Welt ausmacht:

Die Angriffe auf die Lichtträger nehmen zu und werden in Ermangelung der Zeit, die für gut vorgetragene Angriffe noch bleibt, offensichtlicher und plumper vorgetragen.

Dabei werden alle ungeklärten Menschen, die, die ihre »Hausaufgaben« bisher vernachlässigten, mit sich selbst auf eine sehr drastische Weise konfrontiert, wodurch ihnen ein gewisser »Wahnsinn« ins Gesicht geschrieben steht. Dies ist auch der Grund, warum derzeit die Erwachten die meisten Menschen als »Geistergestalten« mit »Fratzengesichtern« wahrnehmen.

Beschrieben ist: das Zeitenende mit deren typischen Merkmalen. Für die Aufsteigenden gilt es nichts weiter zu tun, als dieser Tatsache bewusst zu begegnen, um sich furchtlos und entschieden gegenüber solchen Übergriffen zu verhalten.

GENERELLE REINIGUNG DER »LAUEN«

Für die, die wanken, weder Fisch sind noch Fleisch, für die, die vom Aufstieg Kenntnis haben, diesen jedoch leugnen, so es sich dazu zu bekennen gilt, beginnt nun die Zeit der generellen Reinigung. Ziel ist es, das Wesen dieser Menschen für den Tag X vorzubereiten. Dafür ist es nötig, deren Energiefelder bis zu einem bestimmten Grad zu säubern, damit diese Menschen in der Nähe dieser göttlichen Ereignisse zumindest teilweise erkennen können, wodurch der Aufstieg auf eine höher schwingende 4D-Welt wirksam wird. Diese »Lauen« werden jetzt auf eine ganz spezifische Weise durchgerüttelt; indem ihnen alle »Sicherheiten« genommen werden.

Dies bedeutet zunächst, dass viele Menschen die Orientierung in dieser Welt verlieren, ehe sie mit der Orientierung in sich selbst beschenkt werden.

Ein intensives Programm der Heilung, wodurch sich manche Menschen aus den Fängen der Finstermächte befreien werden. Das göttliche Licht belichtet die dunklen Schatten, bringt Klarheit in die trüben Gewässer dieser Seelen.

Am »Ende der Prüfungen« bedarf es von diesen Menschen des festen Entschlusses, sich von den Halbwahrheiten ab- und der ganzen Wahrheit zuzuwenden.

Das unerlöste Dunkle im Menschen tritt nun überdeutlich hervor und der sichtbare Schrecken in der Welt nimmt vorübergehend zu; Entladungen auf allen Ebenen, ehe es still wird auf dieser Welt — mit einem Fingerzeig Gottes.

Das ist ein klarer Befund dieser Zeit, denn die abschließende Transfiguration des Planeten vollzieht sich weitgehend ohne die Menschen.

Die Einen erhalten neue Wohnungen in der vergänglichen Welt, die Anderen gehen, während diese Welt von allen Schlacken befreit wird, ein in die Himmel der fünften Dimension.

In Liebe und mit der Gnade Gottes
überbringe ich euch den Segen der geistigen Welt.

Wir sind wahrlich eine uneinnehmbare Festung.

Wir sind das ausströmende allgegenwärtige Licht.
Wir sind das kristalline Feld der Liebe.
Wir sind die durchlässige und alles durchdringende schöpferische Kraft.
Wir sind die Erbauer neuer Welten — überall im Sein.

Ich bin
SANANDA

In unendlicher Liebe

Wer verdient
das Mitgefühl mehr
als jene, die von ihren
eigenen Gefühlen
abgeschnitten sind,
als jene, die von ihrer
eigenen Seele
getrennt wurden.

ASANA MAHATARI

ECHO AUS DER RAUMZEIT

ASANA MAHATARI
07.09.2014

Geliebte Menschen,
ich bin ASANA MAHATARI

Diese Welt vergeht und eine neue Welt in einem neuen Universum entsteht — in diesen Tagen; und wie dazumal, in jenen alten Zeiten dieser Welt, ist das Verständnis für diese kosmischen Vorgänge begrenzt und nur wenige Menschen sind bereit, sich dafür zu öffnen.

Öffnen für die Wirklichkeit, die jetzt entsteht, öffnen für die Wahrheit, die jetzt überall hindurchschimmert und öffnen für das Licht, das diese Welt in einen Glanz, den sie bisher nicht kannte, taucht.

Die Menschen leben ihre Leben weiter, so, als gäbe es dies alles nicht! Diese Tatsache erfüllt uns Aufgestiegene Meister, die wir jeden Baustein dieser Welt und alle Motive der Menschen wie uns selbst kennen, mit großer Ehrfurcht vor dem, was ein Mensch bereit ist zu wählen und wie ein Mensch bereit ist, in die Irre zu gehen.

Ehrfurcht für die falschen Entscheidungen der Menschen ist die Art und Weise, wie wir dieser großen Verweigerung der Menschheit vor dem Licht begegnen.

Denn wer in Anbetracht der vielen Gelegenheiten der Heilung das Leid erwählt, der möchte diese Ebene des Lebens ausschöpfen; und der wird dadurch neue Erfahrungen generieren, nicht nur für sich selbst, sondern auch für neue Welten, die nach diesem Wandel entstehen werden.

AUFSTIEG IST LANGE VORBEREITET

So ist diese Verweigerung vieler Menschen, ihren Aufstieg jetzt ins Auge zu fassen, eine Tatsache, der alle himmlischen Wesenheiten mit einem Blick der Barmherzigkeit und mit dem Impuls eines leichtfertig verschenken Potenzials begegnen.

Alle wiederholten Verkörperungen von großen Meistern auf dieser Welt in allen Epochen dienten alleine dazu, um dieser Zeit den Weg zu eröffnen und den Weg zu ebnen. Nur dadurch bestand die Möglichkeit, so vielen Menschen wie nur möglich die Berührung mit dem »Sog der Aufstiegsenergien« zu gewähren.

Von langer Hand vorbereitet und durch viele Zeiten hindurch wurden diese entscheidenden und letzten Tage der Menschheit vorbereitet; und nun, da die Vorbereitungen abgeschlossen sind und der letzte Kreis des Lebens nahezu vollendet ist, müssen wir feststellen, dass weit mehr Menschen zurückbleiben als aufsteigen, dass weit mehr Menschen diese Gnadenzeit zurückweisen und ihr gewöhnliches Leben in Zeit und Raum fortsetzen.

MITGEFÜHL FÜR DIE ZURÜCKBLEIBENDEN

Trauer ist uns nicht zu eigen, was uns erfüllt, ist tiefes Mitgefühl vor diesem Irrtum der zurückbleibenden Menschheit, der sich erst in der letzten Phase der neuen Raumzeit, nach Äonen von neuen Jahren, zum Segen ihrer selbst und vieler Welten umkehren kann und wird.

Es ist die unendlich scheinende Dauer der kommenden Leiderfahrungen in der neuen Raumzeit, die unser Mitgefühl für diese Wesenheiten hervorbringt, denn während diese Welt für die Aufsteigenden vergeht, bleibt diese für die Zurückbleibenden bestehen, mit allen Verwerfungen und Dramen, die auf einer solchen Welt den Antrieb für das Erwachen bilden.

In den aktuellen Kriegsherden auf dieser Welt zeichnet sich das neue Bild der alten Welt ab. Flächendeckende Manipulationen zeigen überdeutlich, unter welchen alten Herrschern die zurückbleibende Menschheit einen unwürdigen Dienst fristen wird: ihrer Selbstbestimmung gänzlich beraubt, ihrem inneren göttlichen Wissen fern und von ihrer eigenen Macht abgeschnitten. Am Ende der Zeit gilt es, diese Tatsache zu benennen. Die der Dumpfheit anheimgefallenen Menschen sind ihrer Seelen beraubt, leben in Unkenntnis ihres eigenen Lichts und sie leugnen Gott wie eine Mutter, die ihr Neugeborenes nicht kennt.

Der Wunsch der Menschheit nach Frieden, der Wunsch der Menschheit nach Glück, der Wunsch der Menschheit nach der Einheit mit Gott bleiben in den entseelten Ebenen eines menschlichen Bewusstseins vergraben und werden wiedererweckt, sobald die Erfahrungen auf den Welten der Finsternis ausgekostet wurden; ausgekostet von den vielen, vielen Menschen, die sich dafür entschieden haben.

GNADENZEIT HÄLT AN!

Noch immer, bis zum letzten Tag in der Zeit, fließen der ganzen Menschheit die Gnadenfelder des Himmels zu. Damit da und dort Einzelne erwachen, damit da und dort eine Berührung durch das göttliche Licht stattfindet.

Niemand wird, ehe sich der Vorhang des Vergessens für eine lange, lange Zeit senkt, aufgegeben, niemand wird vernachlässigt; und schon gar nicht jene Menschenkinder, die eine Erfahrung wählten, deren Konsequenzen sie kaum einschätzen konnten.

Dennoch wurde ein jeder Menschen auf der Seelenebene mit seiner Wahl konfrontiert, die Lichtkrieger mit der Liebe einer 5D-Welt, die Verweigerer des Lichts mit dem Hass und der Finsternis einer niedrigschwingenden 4D-Welt.

Obwohl den Menschen das neue Schuhwerk angemessen wurde, blieben viele in ihren alten Stiefeln stecken.

Wer verdient das Mitgefühl mehr als jene, die von ihren eigenen Gefühlen abgeschnitten sind, als jene, die von ihrer eigenen Seele getrennt wurden.

Der Teufel hat ganze Arbeit geleistet und, obwohl dieser diese Welt verlassen muss, wird seine Macht auf anderen Welten fortwirken und über jene Menschen herrschen, die sich auf dieser Welt dem Licht verweigerten und sich dem Aufstieg entzogen.

Die Botschaft dieser Übertragung bringt das »Echo aus der Raumzeit«, denn was für die Aufsteigenden gilt, das trifft auf keinen, der zurückbleibt, zu.

Wer erbt das Glück, wer wird die Liebe, wer erhält das Himmelreich, wer erlangt Verwirklichung?

Die großen Meister dieser Zeit und die diesen folgen. Kein Mensch, der dieser Wahrheit fernbleibt, kann teilhaben an den Geschenken Gottes und teilnehmen an der Feier zu Ehren der angekommenen Götter. Geliebte Menschen, die ihr den Aufstieg gewählt und das Licht erkannt habt!

Nehmt diese Zeit vollständig an!
Nehmt die Wahl eines jeden Menschen vollständig an!
Nehmt die Konsequenzen jeder Wahl vollständig an!
Respektiert jede Entscheidung, habt Ehrfurcht vor jeder Wahl und ersetzt die Trauer durch Mitgefühl, denn dieses ist das Heilmittel für die, die heute jede Heilung verweigern.

Dieses kosmische Spiel bot viele Möglichkeiten und Optionen und jeder Ausgang zielte darauf ab, am Ende der Zeit so viele Menschen wie nur möglich in das Licht zu heben. Das Vorhaben des Aufstiegs hat sich erfüllt, die Anzahl der Aufsteigenden bleibt hinter den Möglichkeiten dieser Zeit weit zurück.

Die neuen Welten entstehen und Erfahrungen werden gegeben, in jeder Hinsicht! Warum ist die Weigerung der Menschen, in das Licht einzukehren, so groß?

In einem Satz: die Furcht vor dem eigenen Licht!

Das eigene Licht anzunehmen, bedeutet, sich von allen

Zuständen, die die Seele verdunkeln, zu befreien. Diese Arbeit wurde vernachlässigt und mancher glaubte, mit einem abgetragenen Mantel den Himmel betreten zu können.

QUALITÄT DER AUFSTEIGENDEN

Viele wankten, viele fielen, wenige standen auf; und diese wenigen reichen aus, um eine ganze Welt zu erheben, eine ganze Galaxie neu zu erschaffen und einem ganzen Universum neues Leben einzuatmen.

Die Qualität der Aufsteigenden ist wahrlich unübertroffen im Sein, denn wer die Meisterschaft auf dieser Welt erlangt, diesem Menschen ist die Meisterschaft auf vielen Welten gewiss und »a priori« gegeben.

Ich bin die Liebe, ich bin der Frieden,
ich bin das ich bin.

Heilt euch in meinem Licht, benutzt die Flamme der Transformation bis zum letzten Tage eurer Zeit auf dieser Welt.

Im Mitgefühl heilt alles Leben und Liebe zeigt sich über-all.

Ich bin
ASANA MAHATARI

Wer mich kennt,
der kennt das
Wesen des Mitgefühls,
kennt die Allmacht
der Liebe und
der kennt vor allem
sich selbst.

SANANDA

SINN ALLEN LEBENS, TEIL II

Gespräch mit SANANDA
08.09.2014

Die gestrige Botschaft (»Echo aus der Raumzeit«, ASANA MAHATARI) verdeutlichte nochmals das »Scheitern« vieler Menschen vor dem Aufstieg. Gab es wirklich keine andere Möglichkeit?

SANANDA: Ich segne jeden Menschen, der diesen Worten folgt, und ich segne die Welt, die in die Spur des Lichts gefunden hat!

WARUM SCHEITERN SO VIELE?

Gab es eine andere Möglichkeit des Ausgangs in diesem kosmischen Spiel? Was es gab und immer noch gibt, sind unendlich viele Möglichkeiten, Potenziale, die eintreffen, sich manifestieren oder ausbleiben; und entweder Wunschszenario bleiben oder sich auf einer anderen Welt, einem anderen Hologramm, erfüllen. Linear gedacht, das heißt, für diese Welt in linearer Entwicklung gab es vereinfacht gesagt zwei grundlegende Szenarien:

1) die vollständige Zerstörung des Planeten und des Auslöschens allen menschlichen Lebens darauf und

2) den Aufstieg in eine neue Dimension zur dafür vorhergesehenen Raumzeit und dies aufgrund einer tragfähigen Basisschwingung, die von den Menschen selbst erzeugt wird.

Wie euch bekannt, Zweiteres ist eingetroffen. Es nahm alles seinen Weg. Bis wir an dem Punkt der Unumkehrbarkeit aller Aufstiegsprozesse angelangt waren. Nachdem also feststand, dass sich dieser Planet in das Licht erheben soll und auch wird, nahm die spirituelle Lichtflutung der Erde aus der Zentralen Sonne erheblich zu. Das bewirkte ein Erwachen der einzelnen Menschen und immer mehr begannen sich nach dem Licht zu sehnen und auszurichten. Dann traf ein, was so nicht unbedingt erwartet — wenngleich auch als Potenzial vorhanden — war: Die Menschen verabsäumten es in großer Zahl diesem ihrem Seelenwunsch, in das Licht zu gehen und selbst Licht zu werden, Nachdruck zu verleihen. Sie ließen dieser grundsätzlichen Seelenausrichtung, ihrer eigenen Transformation und der Rückkehr in das Licht nur geringfügig Taten folgen.

Die Transformationsarbeit blieb bei jenen, von denen hier die Rede ist und die nun stranden, im Wesentlichen aus.

Somit stehen wir nun vor der Situation, dass sehr viele Lichtkrieger vom Weg abfallen und den aktuellen immer höher schwingenden Lichtzufluss, der zur Erde gelangt, nicht mehr ertragen können. Des Weiteren wurde dieser Vorgang des Aufstiegs der Menschheit, als dieser offensichtlich wurde, mit allen Mitteln von den Kräften der Finsternis hintertrieben und beeinträchtigt: mit dem erklärten Ziel, so viele Menschen wie nur möglich von diesem Vorhaben abzubringen, indem geschickt — und wo immer es nur ging — Verwirrung, Irritation und Zweifel gestreut wurden.

So begannen die dunklen Kräfte vor allem jene Lichtkrieger zu okkupieren, die vom Wunsch ihres eigenen Aufstiegs beseelt waren, die jedoch jede Bereitschaft, diesem mit aller Konsequenz Nachdruck zu verleihen, vermissen ließen. Dieser Mangel an Bereitschaft, die eigene Transformationsarbeit über alle Dinge zu stellen, machte diese Menschen verwundbar, verletzlich und zu einer leichten Beute für die Dunkelmächte. Denn durch dieses Verhalten konnten diesen Menschen auch der umfassende Schutz des Himmels, der umfassende energetische Selbstschutz und die Gnade Gottes nicht in dem notwendigen Ausmaß zuteilwerden.

Jede Erkenntnis erfordert die Bereinigung des Zustandes im Inneren, der diese Erkenntnis blockiert, und dies wurde von jenen, die nun zurückbleiben, vernachlässigt — mit den hier beschriebenen Folgen.

Wie wiederholt verkündet, mit Halbwahrheiten gaben sich die Halberleuchteten zufrieden — und oft waren es nicht einmal diese. Somit waren diese Menschen über ihre eigenen unerlösten Ängste und Blockaden, über ihre eigenen unerlösten Themen und Glaubenssätze, leicht für die Dunklen zu erreichen.

Solche Menschen können das Himmelreich noch nicht betreten, da sie das Schwingungsfeld dafür nicht aufweisen. Selbst die aktuelle Schwingung auf Erden kann solch ein Wesen nicht halten und das Abdriften in sehr träge Schwingungszustände ist die Folge und nimmt seinen unheilvollen Lauf.

Ja, es hätte auch anders kommen können; und auf anderen Welten ist es auch anders gekommen, da sich der Wandel durch jede neue Entscheidung im Jetzt neu erfindet. Die einzige Konstante dabei ist, dass dieser Wandel unumkehrbar ist und dass der Tag der Tage näher und näher rückt.

WARUM EXISTIEREN DIE DUNKLEN WEITER?

JJK: Das bedeutet auch, dass die Dunklen diese Welt verlassen müssen und das Spiel auf dieser Welt verloren haben; dass diese jedoch auf einer anderen Welt ihr Treiben fortsetzen werden, wie eh und je. Ein Umstand, der mich beschäftigt?

SANANDA: Ja, es ist eine Tatsache, dass die dunklen Kräfte

— obwohl sehr dezimiert, da viele dieser Wesenheiten in die Urquelle allen Seins zurückgeatmet werden, was bedeutet, dass sie ihre Individualität gänzlich einbüßen — immer noch eine Plattform für ihre Absichten erhalten. Warum?

Da dieses Spiel der Illusion für viele Menschen noch nicht gelebt, nicht beendet und vor allem von manchen Wesenheiten in Gottes Schöpfung zum ersten Male erprobt werden möchte.

Dies hat zur Folge, dass sich nach Äonen von Jahren erneut solch ein heiliger Moment für den Aufstieg einer solchen Welt in die fünfte Dimension anbieten wird. Viele von uns werden auch dann zugegen sein und wir werden unser Wissen, unsere Liebe, bereitstellen und so unseren Gottesdienst an der Schöpfung fortsetzen.

ERFOLG UND DYNAMIK DES AUFSTIEGS

Alles geschieht gleichzeitig. Was auf der Wahrnehmung der Zeit Äonen sind, ist tatsächlich nur ein Wimpernschlag in den Augen des Schöpfers oder in der Wahrnehmung einer von Zeit und Raum befreiter Wesenheit.

Der Erfolg des Aufstiegs liegt darin, dass die dunklen Kräfte von dieser Welt, die eigentlich schon dem Untergang geweiht

war, abziehen müssen und dass sich diese Welt erhebt; und dieser Vorgang strebt seiner finalen Entladung zu, wir sind mitten darin.

Dass sich dieses Potenzial erfüllt, ist der Verdienst jener Lichtkrieger, die beharrlich und trotz aller Widrigkeiten, jedem Angriff und jeder Zumutung auf dieser Raumzeit standhielten und noch immer standhalten; ist der Verdienst jener, die niemals vom Weg des Lichts abschweifen. Die erprobtesten Lichtkrieger vieler Zeiten wurden daher — jetzt — auf diese Welt entsandt und so wurde dieser Erfolg möglich. Alles in allem sehen wir uns einer unglaublichen Dynamik gegenüber:

1) dem Entstehen neuer Welten,

2) dem Entsenden der Menschheit auf neue Welten und

3) der Transfiguration allen Lebens auf dem Mutterplaneten des Aufstiegs. Jetzt.

EINÄUGIGE UNTER DEN BLINDEN

JJK: Was mich auch immer wieder beschäftigt, ist die Tatsache, dass viele Menschen glauben, sie wären erwacht, sie sind es aber nicht. Grundsätzlich sind das ambitionierte

Lichtkrieger, die bestimmte Erkenntnisse erlangt haben und sehr oft als »Einäugige unter den Blinden« gehandelt werden. Diese haben, und das ist weitverbreitet, eine völlig unzureichende Eigenwahrnehmung und oft überhöhte Selbsteinschätzung. Viele Themen, die sie glauben, erkannt zu haben, sind unerkannt und die Basisarbeit bleibt unerledigt liegen. Gibt es für diese Menschen ein »Erweckungserlebnis«, eine »Erweckungsmöglichkeit«, ehe das Finale alles unumkehrbar macht?

SANANDA: Erweckungsmöglichkeiten gibt es jeden Moment! Manche erkennen diese Fenster der Gelegenheit und viele nicht. Die »Selbstanmaßungen« vieler noch sehr unbewusster Menschen sind darin begründet, dass deren Wesen von sehr vielen negativen Kräften und dunklen Energien überlagert und zersetzt ist. Dadurch gewinnen sie keinen freien Blick auf ihre tatsächlichen »Baustellen« im Inneren. Des Weiteren verfügen diese Menschen über ein sehr geringes Durchhaltevermögen und sind sehr frustrationsanfällig. Das Durchhalten bei jeder Witterung ist diesen Menschen nicht gegeben.

Das heißt, die Ausdauer und die Fähigkeit, auch vermeintliche Rückschläge zu ertragen, ist sehr gering ausgeprägt. Diese Eigenschaften sind jedoch wesentlich, so man sich dem eigenen Aufstieg, der eigenen Klärung und der Erhebung der Welt ganz verschreibt.

Grundsätzlich liegen dieser falschen Einschätzung der eigenen Entwicklungsstufe Minderwertigkeitsthemen und der Mangel an Gottessehnsucht zugrunde.

Sind die Minderwertigkeiten erlöst, erlöst sich viel. Diesen Menschen werden immer wieder neue Gelegenheiten zur Selbsterkenntnis gegeben, bis zum letzten aller Tage.

Wissenswert ist auch, dass diese Menschen meist mittlere Seelenalter repräsentieren und das Maß an Erfahrungen auf einer lichtarmen Welt noch nicht ganz ausgeschöpft haben. Das ist der Grund, warum die Sehnsucht nach Gott bei diesen Menschen nicht hervorquillt.

JJK: Das heißt, viele mittlere Seelen halten sich für alte Seelen?

SANANDA: Ja, was auf das Minderwertigkeitsthema zurückzuführen ist, denn einer alten Seele wird in der spirituellen Szene eine gewisse »Ehrerbietung« entgegengebracht, eine Seele mittleren Seelenalters erhält von dem nichts. So sind die Menschen schnell dabei, ausgesprochen oder unausgesprochen, sich selbst mit der unwirklichen Aura einer alten Seele zu umgeben.

Den eigenen Status zu erkennen, ist das Thema für diese Menschen und dieses Thema wird gerne negiert, nur um zu den Lichtkriegern der ersten und letzten Stunden dazuzugehören. Davon betroffen sind auch so manche »Heiler« und »Magier« dieser Zeit, die sich eine Guru-Aura geben, ohne diese wirklich zu besitzen oder dieser auch nur annähernd würdig zu sein.

JJK: Worin sind Lichtkrieger der ersten und letzten Stunden beschrieben, woran sind sie zu erkennen, wie sind diese definiert?

MERKMALE WAHRHAFTIGER LICHTKRIEGER

SANANDA: Diese Bezeichnung tragen alle alten Seelen, die sich ihrer Aufträge voll-bewusst sind und die sich in den Dienst des Aufstiegs gestellt haben. Ferner sind es die tatsächlichen Kapitäne des Aufstiegs, die niemals vom Kurs abzubringen sind, die diese Anrede verdienen und vor allem sind damit die »Großen Einen« beschrieben.

Kurz: Alle, die sich in jeder Faser ihres Seins absolut und kompromisslos sowie mit ganzer Hingabe den Vorgängen der Lichtwerdung dieser Welt hingeben, sind gemeint, so von den »Lichtkriegern der ersten und letzten Stunden« die Rede ist.

Es sind zumeist alte Propheten, große Heilige, längst Erleuchtete, Gurus, Sat-Gurus, hohe Eingeweihte vieler Zeiten, die nun in dieser Zeit ihren gemeinsamen Dienst an dieser Welt erfüllen. Eine Seele mittleren Seelenalters kann der Bezeichnung eines Lichtkriegers der ersten und letzten Stunden niemals gerecht werden und so ist es auch unangemessen, diese Bezeichnung für sich in Anspruch zu nehmen.

Wer weder die erste noch die letzte Stunde eines inneren Kampfes je gekostet hat, der lebt in sicherer Entfernung zu wahrer Erkenntnis.

JJK: Wie kann ein Mensch für sich selbst herausfinden, ob er ein Lichtkrieger dieser Art ist? Sehr oft ist davon die Rede und viele fühlen sich angesprochen — alle sind es aber nicht.

SANANDA: Jeder Mensch, der ein klein wenig Mut zur eigenen Selbstbetrachtung aufbringt, weiß das ganz genau. Wichtig dabei ist zu verstehen: Die meisten Menschen wollen sich diese Illusion, sowie andere Illusionen auch, nicht nehmen lassen. Daher führt sich diese Frage »ad absurdum«, da es kaum Lichtkrieger gibt, die sich von einem Standpunkt, der ihnen nützlich ist und durchaus schmeichelt, abbringen lassen.

Dies kann nur ein ständiger Erfahrungsprozess durch viele Leben gewährleisten, nicht aber eine Erkenntnis, für die die Zeit noch nicht gekommen ist.

JJK: Die entseelten und leeren Menschenhüllen beschäftigen mich auch sehr oft. Wie nehmen diese Menschen diese Ereignisse wahr und kann man diesen Wesenheiten irgendwie beistehen?

DAS WESEN DER SEELENLOSEN MENSCHEN

SANANDA: Diese Wesenheiten können diese Umbrüche nicht bewusst wahrnehmen. Ihr Unterbewusstsein hat Kenntnis davon, uns so pendeln sie zwischen Angst und Ignoranz, um vor dem Tag X nicht zu erstarren.

Diese Wesenheiten erfahren Schmerz und Leid, sind jedoch nicht fähig, diese Zustände in einen größeren Zusammenhang zu bringen oder diese zu erlösen: eine unbewusste Stufe des menschlichen Seins, auf der aktuell sehr viele Wesen stehen.

Diese Menschen kehren nach dem großen Ereignis in das Licht zurück, wo sie so lange bleiben, bis sie zu neuen Erkenntnissen bereit und für ein neues Leben auf einer der neuen Welten vorbereitet sind. Jenseits des Schleiers erfolgt die Bestandsaufnahme und die Neuorientierung. Für diese Wesenheiten können die Lichtkrieger der ersten und letzten Stunden direkt nur noch wenig bewirken, es sei denn, die Gnadenfelder Gottes ermöglichen das unmöglich Scheinende.

Generell gilt für die tatsächlichen Lichtkrieger der ersten und letzten Stunden:

Euch wurden wahrlich andere und neue Aufgaben übertragen, als jene Menschen, die in der Obhut Gottes ihrer weiteren Evolution entgegensehen, vor Unheil zu bewahren.

JJK: *Wie begegnet man diesen Menschen und allgemein allen Wesenheiten, die sich dem Wandel verschließen, am angemessensten? Was ist richtig zu denken, zu empfinden und zu tun?*

SANANDA: *Denkt liebevoll, ohne den Status quo zu leugnen. Empfindet Mitgefühl, ohne in das Mitleid abzugleiten, handelt entschlossen, so ihr von diesen Kräften belagert und in ihre Energien gezogen werdet.*

Letzteres ist weitverbreitet, da sie sich an eurem Lichte kurzzeitig aufladen, was euch selbst sehr viel abverlangt. Heißt: Haltet euch von diesen Wesenheiten fern und benutzt das Lichtschwert und geeignete Verfügungen, denn diese Welt ist noch massiv von solchen Kräften durchwirkt: Wesentlich ist, eine geeignete innere Haltung einzunehmen.

Diese ist durch das Mitgefühl bestimmt: frei vom Urteil, fern von Frustration, jenseits jeder menschlichen Sicht der Dinge und all-eins mit dem Plan Gottes.

Mit diesen Worten zu diesen Fragen segne ich diese Welt. Ich segne jeden Menschen, der meinen Segen auf sich herabzieht und der mein Licht in sein Wesen lenkt, denn wahrlich:

Wer mich kennt, der kennt das Wesen des Mitgefühls, kennt die Allmacht der Liebe und der kennt vor allem sich selbst.

Ich bin
SANANDA

Das Himmelreich
muss zuerst in euch
selbst erlangt werden,
ehe es sich im Außen
für euch manifestiert.
Das ist der Schlüssel.

SANANDA

ANFANG VOM ENDE

Gespräch mit SANANDA
22.09.2014

Bericht/Traum: *Bin völlig entkräftet! Seit in der Früh verspüre ich eine mir bisher unbekannte Übelkeit im Magen und manchmal setzt spontane »Migräne«, wie aus dem Nichts, ein, um kurz darauf wieder ins Nichts zu verschwinden. Mir träumte von einer Lichtlesung in einer großen Kirche. Im Mittelschiff der Kathedrale sitzen die Lichtlesungsteilnehmer in tiefer Meditation und Sammlung, alle sind sie weiß gekleidet und in großer Vorfreude auf das Ereignis. Hinten im Eingangsbereich und vorne hinter dem Altar jedoch tummeln sich Menschen, die mit der Lichtlesung nichts zu tun haben und mehr oder weniger nur stören. Uns, die wir im Mittelschiff die Lichtlesung abhalten, kümmert das keine Sekunde.*
(Bericht/Traum Ende)

Geliebte Menschen,

ich segne euch mit meiner Liebe,
ich bin mit euch alle Zeit, ich bin SANANDA

Die nächste und weitere Stufe der Erhebung und Absprengung der Welten ist eingeleitet.

Die Bindungen zu dieser Welt werden für die Aufsteigenden in einer neuen Weise gelöst, bis dass nichts mehr bleibt, bis dass es ganz leicht und natürlich ist, in die andere Welt hinüberzugleiten, unmerklich — voller Anmut und Frieden.

Diese Welt wird abgesprengt und diese Absprengung erfolgt in unterschiedlichen Stufen. Die erste Stufe, die sich direkt auf diese eure Wirklichkeit auswirkt, ist nun im Gange und bringt den Aufsteigenden zweierlei:

1) weitere Befreiung von dunklen und trägen Energien und

2) zunehmende Nähe zu dem sich stetig aufbauenden »Ereignis« und die Gewissheit, dass Gott schützend und begleitend seine Hand über jedes Lebewesen hält.

Euer Alltag wird erneut leichter, euer Leben zu einem Spiegelbild eurer Seele. Euer Sein auf diesem Hologramm vollendet sich im vollen Wissen um die einzelnen Ereignisse dieser Zeit.

Nichts entgeht eurer Aufmerksamkeit, alles wird von euch erkannt; und dennoch seid ihr frei, da ihr jede Bindung an die Dinge und an diese Welt aufgelöst habt.

JJK: Woher meine Übelkeit? Ich denke immer, dass sich »etwas Schreckliches« ereignet. Fühlt sich auch so an?

SANANDA: Der Schrecken der Zurückbleibenden, der Aufschrei der Unwissenden, die nun Zuflucht in den Kirchen suchen, ohne zu wissen, welches Verhalten an diesem Platz erwartet wird! Die Kirche im Traum steht hier für einen sicheren Schutz bietenden spirituellen Ort. Jedoch diese Menschen wissen sich nicht richtig zu verhalten; und so haben sie dort ein Benehmen, wie es ihnen überall zu eigen ist. Einen »heiligen Raum« zu betreten, ist ihnen fremd, da sie den Tempel in sich selbst leugnen. Ein unbewusster Mensch ist überall unbewusst.

Deine Übelkeit ist darin begründet, dass du durch dein multidimensionales Wesen genau feststellst, was sich auf unterschiedlichen Ebenen ereignet, und so hörst du das laute und stumme Flehen der Zurückbleibenden; jener, denen kein Ort der Welt einen Schutz mehr bieten kann, da sie diesen Ort nicht erkennen, auch wenn sie sich mitten darin befinden.

In dieser Wirklichkeit sind alle Lichtkrieger der ersten und letzten Stunden. Ihr habt in der Mitte dieser Welt, während rundherum die Veränderungen ablaufen und Unruhe herrscht, Platz genommen. Völlig unberührt von den Ereignissen, im Festgewand der Aufsteigenden (weiße Kleidung), strebt ihr aufgeschwungen dem Himmel entgegen. Rund um euch nehmen die Dramen zu und die Entscheidungen der Menschen sind klar an ihrem Gewand und an ihrem Verhalten zu erkennen.

JJK: Eine neue Stufe im Aufstiegsprozess?

CHRONIK ALLEN LEBENS

SANANDA: Ja, eine neue Ebene ist erreicht. Obwohl es immer Schritt für Schritt weitergeht, bedeutet dieser Schritt vor der endgültigen Lösung der Welten einen Meilenstein im Aufstiegsprozess. Denn alle Entscheidungen der Menschen werden nun auf einer höheren Ebene betrachtet und in die »Chronik allen Lebens« eingeschrieben, was bedeutet: Die Entscheidungen der Menschen sind verankert und unwiderruflich!

In diesem Tagen findet die Neuausrichtung der Menschheit und der Menschen statt.

WAHRHAFTIGES ERWACHEN

Ein spirituelles Erwachen auf dieser Ebene ist von nun an nur noch vereinzelten Menschen vorbehalten. Ich spreche vom Erwachen in die spirituelle Natur allen Lebens, nicht vom Erwachen, indem sich die Menschen gegen das Unrecht, das ihnen auf dieser Ebene angetan wird, zur Wehr setzen. Von dieser Art Erwachen, das einem ersten Erkennen gleichkommt und meist noch nicht in der Überwindung des

Leides begründet ist, ist hier nicht die Rede. Revolutionen haben viele Ebenen; und ehe ein Mensch zur inneren Revolte bereit ist, verliert er sich im Revoltieren gegen den sichtbaren Feind im Außen.

Wahrhaftiges Erwachen bedeutet, seine spirituelle Natur zu entschlüsseln, seine innewohnende Wahrheit zu erkennen und sich ganz Gott hinzugeben. Davon ist hier die Rede, denn alles andere ist hier nicht der Rede und keiner Diskussion wert.

JJK: Das bedeutet, Erwachen ist nicht gleich Erwachen und eine Revolution auf dieser Ebene kann genauso von unbewussten und noch nicht erwachten Menschen bewirkt werden?

SANANDA: Es ist vielmehr so, dass sämtliche Revolten auf dieser Ebene, so notwendig sie auch waren, von sehr unbewussten Wesenheiten ins Leben gerufen wurden. Menschen, die ganz einfach die andere Seite der Medaille des Systems repräsentieren und somit mit ihrer ihnen zugemuteten Rolle in der Gesellschaft nicht mehr zufrieden sind. Dies ist weiter nicht verwunderlich, denn niemand bleibt ewig ein Sklave, und für ein jedes Wesen kommt der Moment, an dem es aufbegehrt und sich erhebt. Der Weg zu einer »spirituellen Revolte« ist jedoch immer ein sehr weiter, da viele Revolutionen auf 3D- und 4D-Welten diesen vorausgehen müssen. Innere Befreiung kommt am Schluss der menschlichen Reise durch die Raumzeit und bis dahin üben sich die Menschen im Revoltieren. Denn die größte aller Revolutionen ist die, die in einem Wesen selbst stattfindet, nachdem es müde geworden ist, den Lauf der Welt durch Revolten in der Welt zu verändern.

Das heißt: Revolutionen ohne spirituelle Ausrichtung sind Teil des Spiels auf einer grundsätzlich »a-spirituellen« Welt; und genau diese Welt ist es, die nun von den Aufsteigenden überwunden wird; und auch diese Welt wurde, noch ehe ihr sie verlasst, zuallererst in euch selbst überwunden!

JJK: Das heißt, der Aufstieg findet zuerst in uns selbst statt. Die Mutter aller Revolten ist die Revolution gegen das eigene Unwissen, gegen die eigene Unbewusstheit! Danach kann durch die tiefe innere Anbindung und Hingabe an Gott die vollständige Transformation stattfinden.

SANANDA: Das ist immer der Weg, es gibt keinen anderen Weg, der in den Himmel führt.

JJK: Heißt es nicht »viele Wege führen nach Rom«?

SANANDA: Falsch! Nur ein Weg führt zu Gott, der Weg der bedingungslosen Hingabe. Alle anderen Wege sind Umwege und führen irgendwann immer zu dieser Erkenntnis: der Hingabe an Gott.

JJK: Was bedeutet das — gleich wie lange oder wie kurz sich dies für uns anfühlt — für die verbleibende Zeit bis zum finalen Schritt der letztendlichen Weltentrennung?

SANANDA: Dies ist durch das Traumbild der »weiß gekleideten Menschen« im Mittelschiff der Kirche beschrieben.

BLEIBT IN DER SCHWINGUNG DER LIEBE

Es gilt fern von allen Ungemütlichkeiten, die sich auf dieser Welt vorne und hinten, links und rechts zutragen, in der Schwingung der Liebe und in der Schwingung der Aufstiegsflamme zu bleiben. Der Traum veranschaulicht dies sehr, sehr gut. Immer mehr Menschen werden bis zum finalen Ende Halt und Kraft bei euch suchen. Sie werden die Nähe zu euch suchen, da sie sich zu euch, ohne sich dessen bewusst zu sein, hingezogen fühlen.

Doch sie werden sich an euch nicht mehr festklammern können, sie werden keinen Halt mehr finden; oder sie werden in eurem Lichte »verglühen«, was sich darin äußert, dass sie euch gegenüber sehr ambivalent auftreten. Einerseits ist es das Bedürfnis nach Nähe, andererseits ist es die Angst vor eurer Klarheit, die sie die Flucht ergreifen lässt, ehe sie erneut in euer Energiefeld drängen.

Generell gilt: Dauerhafte Fremdübernahmen von Lichtkriegern der ersten und letzten Stunden sind von heute an selten und nur noch dort möglich, wo eine fundierte Bereitschaft dafür vorherrscht und wo Bedingungen dafür gegeben sind; und diese sind, wie schon sehr oft dargestellt:

1) ein ungeklärtes Energiefeld — vor allem unerlöste Strukturen in emotionalen und mentalen Bereichen,

2) eine niedrige Basis-Schwingung,

3) spirituelle Vernachlässigung des eigenen Wesens, was bedeutet, Ermangelung der Hingabe an Gott.

JJK: Was hat das mit dem Jetzt-Begriff zu tun?

SANANDA: Es hat mit dem Begreifen des Jetzt zu tun; den Begriff begreifen und verinnerlichen.

Der Durchbruch zu einem Schöpfergott, zu einem Erwachten, zu einem Erleuchteten, muss vom einzelnen Menschen auf dieser Ebene erreicht werden.

Das Himmelreich muss zuerst in euch selbst erlangt werden, ehe es sich im Außen für euch manifestiert.
Das ist der Schlüssel.

Ihr selbst seid immer Spiegel eurer selbst. Ihr begegnet immer euch selbst, in allen Welten begegnet ihr euch selbst. Was ihr erschafft, was ihr erbaut, was immer ihr in das Leben atmet, das begegnet euch an allen Ecken und Enden des Universums, in allen Welten und auf allen Ebenen.

Erschafft das Himmelreich in euch selbst, dann kommt der Himmel von selbst zu euch, da er bereits inwendig in euch ist.

JJK: Viele Menschen warten und erwarten den Wandel immer noch sehr stark im Außen?

SANANDA: Das ist nicht grundsätzlich falsch! Falsch ist, sich hauptsächlich auf das außen zu konzentrieren. Nur den Himmel, das Firmament, zu betrachten und den eigenen lebendigen Himmel, der in der Seele bereits existiert, dabei zu vergessen, ist falsch. Der Weg geht immer von innen nach außen, niemals von außen nach innen.

Je mehr sich die Umbrüche auf dieser Welt manifestieren, desto wichtiger ist es, in sich selbst geerdet und verankert zu bleiben.

Wer frühzeitig die Aufstiegsfanfaren anstimmt, kann nur Enttäuschung ernten, so seine Erwartung unerfüllt bleibt. Damit dient ihr weder euch selbst noch dem Himmel.

Viele Aufstiegstermine mussten abgesagt und verschoben werden. Diese Tatsache hat die Lichtkrieger sehr gefordert und auch sehr gestärkt.

Denn manche innere Entwicklung war nur dadurch möglich und viele Menschen konnten nur durch diese für euch so ermüdenden Umstellungen im Aufstiegsprozess umkehren. Bedenkt den großen Bogen und ihr werdet nie mehr in die Ungeduld absinken.

Es ist euer großer Dienst der Liebe an der Welt, den ihr vollbringt, der mehr als nur gewürdigt ist im Sein — und dieser Dienst ist heilig, ist purer Gottesdienst am Menschen.

Jetzt gilt es jedoch, sich ganz in seinem Inneren zu verankern. Dabei ist es sehr nützlich, die Ereignisse im Außen zu beachten, wach zu bleiben bei allem, was sich auf geopolitischer und auf interplanetarer Ebene ereignet, hellwach zu bleiben; jedoch dies immer mit dem Mittel einer sehr hohen Basis-Schwingung zu betreiben, einer Schwingung, die immer an das Licht des Himmels angebunden ist. Dadurch bleibt ihr, was immer sich im Außen zeigt, stets orientiert.

Erinnert euch: Jeder Mensch ist am Tag X an seinem Schwingungsfeld zu erkennen und von seinen Schwingungsgrad werden alle weiteren Bestimmungen abgeleitet.

JJK: Im Weingarten nach dem Rechten sehen, bis der letzte Vorhang fällt?

SANANDA: Ja, bis der letzte Vorhang fällt; und das Hinübergleiten in die andere Welt geschieht ganz leicht, natürlich und erhaben, denn wahrlich:

Die Schwere der Zeit ist für euch überwunden.

Euch wurden die Flügel des Himmels angemessen und ihr erhebt euch über Zeit und Raum.

In unendlicher Liebe
SANANDA

Was lange auf
sich warten lässt,
trifft immer dann ein,
so es nicht mehr
erwartet wird.

SANANDA

NEUE QUALITÄT DER MENSCHEN, TEIL I

Gespräch mit SANANDA
26.09.2014

Bericht: *Tag nach der Lichtlesung — eine völlig neue Energie der Menschen ist für mich wahrzunehmen; deutlich für mich daran abzulesen, dass der »Verehrung«, die die Menschen mir bisher entgegenbrachten, einer »Wertschätzung« gewichen ist. Das heißt für mich, die Menschen werden sich folglich auch immer mehr ihres eigenen Wertes bewusst und können mir nun viel entspannter begegnen und vor allem, sie heben mich nicht mehr auf einen Guru-Sockel, da sie sich selbst gewissermaßen erhoben haben. Für mich ist diese Tatsache natürlich eine wahre Wohltat und es lässt mich darauf schließen, dass hier ein großer Bewusstseinssprung der Menschen erfolgt sein muss.*

(Bericht Ende)

SANANDA: Ich segne diese Welt und mein Segen erreicht die Menschenherzen.

MENSCHEN WERDEN NEUGEBOREN

Vermehrt öffnen sich die Menschen dem Licht. Die Unbestimmten werden bestimmt und die Lauen beginnen aufzuwachen. Wenngleich deren Anzahl gering ist, so ist es diese Anzahl, die entscheidend daran mitwirkt, dass weitere Pfeiler des alten Systems zu Fall gebracht werden.

Ja, die Menschen beginnen sich in sich selbst zu verankern, und die, die heute die hohe Schwingung einer Lichtlesung aufnehmen können, sind wahrlich neugeboren; eine Neugeburt, die sich bei jeder Lichtlesung aufs Neue ereignet. Wachstum, das lange kaum zu sehen ist, das sich lange nicht abzeichnet, geschieht dennoch, und so wurde dir gestern offenbart, dass sich die Arbeit im Weingarten Gottes nicht nur lohnt, sondern dass jede Mühe gerechtfertigt ist.

JJK: Was ich auch registriert habe, ist, dass viele Menschen immer noch in einer Art »Aufstiegserwartung demnächst« feststecken. Sich daraus zu befreien, ist für viele wirklich sehr schwer. Das »Jetzt« auf mentaler Ebene irgendwie zu verstehen, ist das Eine, es in sich selbst als Wirklichkeit zu verankern und im Alltag zu leben, ist scheinbar etwas völlig anderes?

SANANDA: In der Tat! An diesem Thema gilt es auch weiterhin zu arbeiten und es werden den Menschen immer neue Zugänge zu dieser Erfahrung erschlossen.

So lange, bis ein jeder Mensche, der an diesem Thema in seine multidimensionale Wirklichkeit hineinwächst, für sich selbst die Lösung kreiert hat.

DIE SPUR DES »JETZT«

Nach und nach wird die Raumzeit nur noch als »Erfahrungsleiste« des universellen menschlichen Bewusstseins erlebt und es wird klar, dass dieses Bewusstsein einen Teil seiner Aufmerksamkeit auf diese Ebene verlagert hat, wodurch eine sehr »reale« Illusion von Zeit und Raum, von Begrenztheit, entsteht.

Diesem Erkenntnisvorgang wird nun von den geistigen Lichtebenen und auf Wunsch der Lichtkrieger Priorität eingeräumt, denn zu viele wertvolle und kreative Energie geht verloren, so sich mächtige Lichtkrieger, die ihr seid, damit aufhalten, wann sich der Aufstieg der Welt oder die eigene Verklärung ereignen werden.

Unzufriedenheit tritt an die Stelle des inneren Friedens und mancher Unmut erhält eine unangemessene Plattform im Herzen eines Menschen.

Dem Warten und Erwarten des Bräutigams oder der Braut muss immer eine tiefe innere Vorfreude, die jede Zeit bis dahin

überbrückt, zugrunde liegen, ansonsten wird dieses Warten zu einer Qual, die manchen Bräutigam oder manche Braut von der Vermählung abbringt.

Die Vereinigung aller Aufsteigenden mit der Urquelle allen Seins, mit Gott, ist beschlossen; und viele Lichtkrieger der ersten und letzten Stunden werden bereits aufgerufen. Manche sind bereits in den Himmel zurückgekehrt, andere wiederum stehen noch in der Erfüllung ihrer Aufträge auf dieser Welt. Viele von euch haben entschieden, bis zum letzten Tag der Tage vor Ort zu bleiben, und so ist es nur hinderlich, über diese eigene Entscheidung Unmut zu äußern.

Was lange auf sich warten lässt, trifft immer dann ein, so es nicht mehr erwartet wird.

JJK: Aus irgendeinem Grund bin ich, was den Aufstieg dieser Welt oder auch meine Verklärung betrifft, absolut entspannt. Auch wenn das noch 10 Jahre dauert, wäre mir das gleichgültig, und obwohl es oftmals sehr schwierig und fordernd ist, hier im Dienste zu stehen, nehme ich mein Leben in einer Art »Jetzt« wahr. Das Warten auf den Aufstieg beschäftigt mich einfach nicht — dafür bin ich sehr dankbar.

SANANDA: In der Tat, was diesen Punkt anbelangt, bist du durch sehr viele Erfahrungen in vielen und unterschiedlichsten Leben auf dieser vergänglichen Raumzeit dafür bestens vorbereitet worden. In vielen Leben wurde diese Gelassenheit geübt, damit du nun auch auf diesem Gebiet für alle Menschen, die damit kämpfen, eine geeignete Anlaufstelle bist. Denn das lebendige Vorbild eines überaus entspannten und gelassenen Lichtkriegers erweckt auch in jenen, die sich in unterschiedlichen Szenarien verlieren, die Ruhe und den Frieden; und es ist wahrlich eine hohe Kunst, sich auf einer Zeitlinie als zeitlos zu erfahren.

JJK: Auf der Bühne der Weltpolitik sehe ich aktuell, wie den bisherigen Herrschern die Felle endgültig davon schwimmen. Nichts gelingt wirklich:

1) Die Ukraine kann vom System nicht absorbiert werden.

2) IS wird als neue »Sau« durch das globale Dorf getrieben.

3) Ebola als neue Pandemie geht sich auch nicht wirklich aus.

Die Menschen durchschauen zunehmend, was geschieht, und leisten, wenngleich nicht unbedingt auf der Straße, so doch innerlich oder auf unterschiedliche Weise Widerstand. Das heißt, sie entziehen diesem System ihre Energie. Das habe ich gestern, wie noch nie zuvor, auch bei der Lichtlesung, bei den Menschen, die dort vor Ort waren, registriert. Aus meiner Sicht ein großer qualitativer Unterschied zu noch vor einem Monat?

SANANDA: Auf der Bühne der aktuellen Weltpolitik dreht sich das Rad des Wahnsinns weiter. Die dunklen Eliten kommen ihrem Untergang immer näher und mehr noch, die Geschwindigkeit dahin nimmt kontinuierlich zu — ein Zurück ausgeschlossen.

UNTERGANG DER DUNKLEN RÜCKT NÄHER

Wie eine Lawine bahnt sich das Unheil, das sie für die Welt beschlossen haben, den Weg zu ihnen selbst zurück. Denn das Unheil, das sie über die Menschheit bringen wollten, wird zuallererst sie selbst treffen und auf den Boden der Wirklichkeit zurückstellen.

Die weitere Bewusstwerdung bestimmter Menschen entzieht den Dunklen zunehmend die Basis, auf der sie bisher operierten. Das wissen sie mittlerweile sehr genau, jedoch sie können dagegen nichts mehr unternehmen oder darauf reagieren — ohnmächtig verschärfen sie durch ihre Taten das Spiel und erzwingen dadurch ihren eigenen Untergang. Deren Handlungen tragen vermehrt die Handschrift der Panik und einer Willkür, die viele »Fehler« nach sich zieht. Das Agieren der Dunklen auf dieser Ebene, zwingt die Menschen zum Erwachen.

Die spirituelle Ebene des Erwachens wird zumeist nicht erreicht, jedoch die ersten Schritte, etwas zu erkennen, werden nun getan, wodurch sich diese Menschen für die höheren 4D-Welten qualifizieren.

Die kosmische Lichtflutung dieser Ebene nimmt auch weiterhin zu. Dabei durchwirkt die Matrix der neuen Erde auch diesen Planeten. Es ist also nicht nur derart, dass träge Welten diese Welt berühren, sondern vor allem ist es die neue lichtvolle 5D-Welt, das 5D-Hologramm, das diesen noch trägeren Planeten durch eine direkten »Überlappung« mit spiritueller Energie flutet.

Diese Tatsache stellt einen äußerst wichtigen Faktor in der jetzigen Entwicklung der Erhebung dar und fördert diese entscheidend.

Alles bedingt einander und ist miteinander verbunden. Das Dunkle muss sich lösen und wird entlassen, da das Licht den Triumph erringt — auf allen Ebenen. Bis alle Ebenen davon berührt sind, muss noch Zeit vergehen, jedoch dies ereignet sich in einer neuen »Geschwindigkeit« und auf eine neue Art und Weise. Das alte System fällt noch vor dem neuen ewigen Morgen des Lichts.

JJK: Das heißt, wir können in der kommenden Zeit mit einer unglaublichen Beschleunigung der Ereignisse rechnen?

SANANDA: Ja. Ehe eine Welt in das zeitlose Sein entrückt wird, ehe ein Wesen in die zeitlose Wirklichkeit eingeht, beschleunigt sich die Wahrnehmung der Welt oder des Menschen.

EIGENSCHAFTEN DER RAUMZEIT

Alles wird als »schneller« erfahren, bis die Schallmauer in das Jetzt durchbrochen ist.

Das zweite Extrem, auf das in diesem Zusammenhang hinzuweisen ist, ist, dass der Eindruck oder die Illusion, die Zeit stehe still, exakt aus demselben Ursprung abgeleitet ist. Jede Veränderung der Raumzeit ruft diese zwei Muster der Wahrnehmung eines in der Raumzeit wirkenden Menschen hervor:

Zeitstillstand oder ein rasantes Vergehen der Zeit.

Das hat damit zu tun, auf welche Ebene in der Raumzeit ein Wesen sein Bewusstsein verlagert oder auf welcher Ebene der Raumzeit sich ein Wesen befindet.

JJK: Wie genau?

SANANDA: Die Raumzeit ist eine sich ständig bewegende

und verändernde Wirklichkeit. Befindet sich ein Wesen beim Ausgangspunkt der Raumzeit, entsteht der Eindruck, die Zeit stehe still, verlagert ein Wesen seinen Fokus auf das Ende des Ausgangspunktes vergeht die Zeit rasant.

Beide Punkte stehen sich zugleich am nächsten in diesem Raumzeit-Kontinuum. Sie befinden sich, linear gedacht, weder am Anfang noch am Ende, sondern am Abschluss und am Anfang eines elliptischen Kreises und berühren sich nahezu. »Anfang und Ende« sind gewissermaßen eine einzige Wirklichkeit und existieren nicht voneinander getrennt.

In dem Moment, in dem sich dieser »Raumzeit-Kreis« vollständig schließt, wobei Anfang und Ende verschmelzen, ereignet sich die Absprengung dieser Welt von der Raumzeit und das zeitlose Sein wird betreten. Planeten, Galaxien und Universen, die auf einer Raumzeit manifestiert sind, machen so wie jedes Bewusstsein auf diesen Welten irgendwann diesen Schritt. Dieser Schritt steht dieser Erde unmittelbar bevor, denn auf diesen Schritt sind alle Vorbereitungen vieler Jahrzehnte ausgerichtet. Es ist eine lange Entwicklung der Menschheit zur vollkommenen Bewusstheit, die im Anfang und Ende der Zeit zusammenlaufen.

JJK: Ich habe eigentlich nichts verstanden, jedoch, es klingt plausibel.

SANANDA: So verhält sich dieser Zustand und dies wirkt sich auf diese Welt aus. Anfang und Ende der Raumzeit kommen näher und näher. Nichts kann dies aufhalten, niemand kann dies stoppen und selbst kurzzeitige Blockaden durch dunkle Kräfte, die diesem Prozess entgegenwirken, werden rar und klingen aus. Sämtliche Ereignisse, die im Zusammenhang des »großen Ereignisses« zu erwarten sind, werden zeitgleich und in diesem heiligen kosmischen Moment ablaufen. Gleichzeitig heißt, ***im Rahmen einiger weniger Raumzeit-Tage werden die Dominosteine des Aufstiegs fallen und es wird die Transfiguration des Planeten und die Verklärung der »Auserwählten« vollendet.***

Die Vorbereitungen dafür sind umfassend und ehe nicht die exakte »Bruchstelle« zur Verklärung der Welt erreicht ist, gilt es abzuwarten, und gilt es, sich auf das Jetzt einzuschwingen und es im besten Falle auf dieser Raumzeit und in eurem Alltag zu verwirklichen.

Mit diesem Ausblick und Einblick in diese Bereiche der Wahrnehmung vergewissere ich euch meiner Allgegenwart.

Es ist nicht so, wie es euch scheint, denn es ist, wie es ist, und: Es findet statt!

Warten worauf? Wo das Ereignis bereits stattfindet.

Ich bin mit dir. Ich bin bei dir.

Rufe mich in deine Gegenwart — denn fern der Raumzeit und im Jetzt findet unsere Begegnung statt.

In unendlicher Liebe,
SANANDA

Worte fördern
Klugheit und Wissen,
Begreifen und Verstehen
werden jedoch
jenseits davon geboren.

SANANDA

NEUE QUALITÄT DER MENSCHEN, TEIL II

SANANDA
08.10.2014

ABSCHLUSSFRAGE

JJK: Mich beschäftigt die Tatsache, dass sich dunkle Energien immer noch in unser Leben drängen können, dass sich »dunkle Wolken« immer noch aufbauen können und uns gewissermaßen aus den Rhythmus bringen und kurzzeitig unser lichtvolles Energiefeld beeinflussen oder sogar mindern können. Ob im Verlag oder in meiner Familie, es gilt »Wache zu halten«!?

SANANDA: Ich segne diese Welt, die heute die nächste Stufe der Transformation erreicht hat; und ich segne alle, die zum Wohl dieser Erde wirken und die der Menschheit neue Möglichkeiten des Lebens eröffnen.

Was ist es, das dich wachhält, und woraus besteht die »dunkle Wolke«. Es sind dunkle Kräfte, die sich ständig neu formieren und nach einem Zutritt zu euch suchen. Diese Tatsache bleibt bis zur restlosen Lösung und Trennung der Welten aufrecht, denn belagert werden vor allem die Lichtkrieger der ersten und letzten Stunden, da von diesen die größte Transformationsenergie und das höchste Maß an Liebesschwingung ausgeht.

Diese Versuche, euch zu übernehmen, sind aussichtslos, werden dafür aber umso verzweifelter unternommen.

Dabei verhält sich Energie, wie sie sich immer verhält. Nachdem sie sich entladen hat, kehrt diese, wie ein unzustellbares Paket, zum Absender zurück. Hier gilt es für euch konsequent und unbeirrt die bereits gegebenen Verfügungen anzuwenden, um diese Zustände aufzuheben.

JJK: Ja, diese Verfügungen spreche ich täglich mehrmals!

Beobachtung:
Ich sitze, es ist ein milder Herbsttag, in einem Gastgarten eines Wiener Eisgeschäftes, als sich am Beginn der Botschaft ein körperlich und energetisch sehr verschmutzter Mann direkt neben mich hinsetzt; eigentlich will ich die Flucht ergreifen, jedoch als ich die Zeilen, die auf die Verfügung hinweisen, niederschreibe, verlässt dieser Mann wie aufgeschreckt den Ort.

(Bericht Ende)

SANANDA: Ja, das ist die Auswirkung einer Verfügung, allein die unausgesprochene Absicht reicht, um neue und klare Verhältnisse zu schaffen.

Macht euch bewusst, ihr seid das Licht auf der Anhöhe, der Leuchtturm auf wogender See, Anker aller Seelen, die nach Orientierung suchen.

Macht euch bewusst, euch kann nichts geschehen, so ihr mit der Urquelle allen Seins verbunden bleibt, so ihr Gott in eurem Herzen und Seine Liebe in jeder eurer Zellen zum Ausdruck bringt.

Macht euch bewusst, ihr seid Diener und König zugleich, denn wer diese Welt überwunden hat, der ist mit allem und in allem all-eins.

Macht euch bewusst, ihr kennt das Licht und ihr kennt vor allem auch die Beschaffenheit der Finsternis und das Wesen der Dunkelheit. Ihr habt in dieser trägen Welt viele Leben erfahren und ausagiert. Heute habt ihr diese Dunkelheit mit eurem göttlichen Licht erfüllt und überwunden, heute seid ihr licht und das Licht.

Wie also könnte euch die Dunkelheit, das Böse oder der dunkle Fürst der Zeit noch etwas anhaben?

Unmöglich ist dies, so ihr beharrlich mit den Mächten des Himmels, mit euren Geschwistern aus dem Licht, jedes Ansinnen und jeden Störversuch der Dunklen durch geeignete Mittel — noch ehe er sich aufbaut — zunichtemacht.

Macht euch bewusst, dass nur ein konsequentes und unerschrockenes Eingreifen jeden Angereifer in die Flucht schlägt. Jede falsche Rücksichtnahme ist in diesem Falle schädlich.

Säubert euch täglich, haltet euer Energiefeld rein und verbannt all die Energien aus eurem Leben, die erhebliche Verschmutzungen aufweisen und euren Blick für die Wirklichkeit trüben könnten, denn eure klare Unterscheidungskraft bringt euch die Freiheit.

Haltet euch an Gott, haltet euch an das Licht, haltet euch an die Liebe und haltet euch an die Wahrheit.

Haltet euch an ein einfaches und auf Gott ausgerichtetes Leben, nur dieses beschert euch Segen und Erfüllung auf allen Ebenen.

Diese Zeit fordert euch ganz und fördert euch ganz. Noch ist zu tun, jedoch die lange Reise findet ihr Ende und ihr steht am Anfang eines absolut neuen Lebens, einer absolut neuen Wirklichkeit, einer absolut neuen Erfahrung — als Schöpfergott des Seins.

Freut euch! Das lange Warten endet und eure Sehnsucht wird gestillt.

Mit diesen Worten segne ich dich, der du diesen Worten folgst und der du fern der Worte verstehst, was ist. Denn:

Worte fördern Klugheit und Wissen, Begreifen und Verstehen werden jedoch jenseits davon geboren.

In unendlicher Liebe
SANANDA

Erkenntnisarbeit
beinhaltet alles
und geht immer von
innen aus. Verweigert
ein Mensch also die
Selbstbetrachtung,
verweigert er auch die
Betrachtung der Welt.

SANANDA

TAGE, WOCHEN, MONATE

Gespräch mit SANANDA
27.10.2014

ERWACHEN DIE MENSCHEN?

JJK: Immer mehr Menschen scheinen das dunkle Spiel auf dieser Welt zu durchschauen. Es regt sich Widerstand und immer mehr Menschen haben, aufgrund ihres sozialen Abstiegs, auch immer weniger zu verlieren. Ein spirituelles Erwachen ist noch fern und dennoch tut sich etwas.

Was jedoch ist mit jenen Menschen, die vordergründig einen »spirituellen Weg« gehen und die von den Irrtümern des New Age oder der Esoterikszene übernommen wurden? Findet auch dort ein Fortschreiten auf deren Ebene, eine aktuelle spirituelle Evolution/Revolution statt?

Aus meiner Sicht ist das nicht derart. Ich nehme das exakte Gegenteil wahr, in der Esoterikszene herrscht »Bunkermentalität« und niemand möchte die erworbenen Sicherheiten, das erworbene Halbwissen, aufgeben. Heißt: Gurus bleiben Gurus und Anhänger bleiben Anhänger, wobei, wie bisher, die Einäugigen den Blinden eine Orientierung sind.

Während also der durchschnittliche Mensch erwacht, indem die Verbrechen der Eliten zusehends durchschaut werden, fällt der »spirituelle Mensch« in der Entwicklung zurück, da er sich immer noch weigert, diese Verbrechen zu benennen und in der »Licht- und Liebe-Illusion« zu Fels erstarrt ist?

SANANDA: Ich segne jedes Menschenkind, das diesen Worten aus dem Licht folgt, denn wahrlich: Nichts ist so, wie es scheint, und das weitere Erwachen der Menschen betrifft die, die bisher fest schliefen, und es sind davon ausgenommen die, die sich ganz ihren erworbenen neuen spirituellen Konzepten hingeben; diese wollen gelebt, erfahren und ausagiert werden.

Das bedeutet für diese Endzeit, dass Menschen, die über die Tatsache des planetaren Wandels wenig Kenntnis haben, große Schritte in Richtung eigene Spiritualisierung machen, und es bedeutet, dass jene, die sich bereits als spirituell erwacht betrachten, weitgehend stagnieren, da sie vor weiteren Erkenntnissen zurückweichen, ja, zurückschrecken.

Dies ist die eine Tatsache und dadurch nimmt die Entfernung dieser Menschen zur »letzten Erkenntnis« zu.

Des Weiteren ist anzuführen, dass viele ursprünglich lichtvolle Botschafter des Himmels fremdübernommen wurden und nun fremdbestimmt sind. Aufgrund der Tatsache, dass viele ihrer offenen Themen immer noch auf Befreiung warten, schmeichelte sich das Dunkle bei diesen Menschen ein.

Es erbaute sich auf der Basis der unerlösten Eitelkeiten und des unerlösten Minderwertes dieser Menschen ihre Machtbasis. Es hob sich selbst auf den Altar, wobei diese Menschen glauben, dem Lichte zu dienen, tatsächlich jedoch huldigen sie dem Goldenen Kalb und sie verehren das Böse in der Finsternis.

Denn wer in den heutigen Tagen die finsteren Kräfte dieser Welt nicht erkennt oder benennt, der ist eingewoben in deren Netz, in die Matrix der Illusion, auch wenn sich diese Tatsache für die Betroffenen ganz anders darstellt und auch wenn die Betroffenen dies völlig anders erleben.

So tragen diese Halberleuchteten ihr Fehl- und Halbwissen als große und ultimative Erkenntnisse vor sich her, und erkennen nicht, dass ihre Perlen unecht sind und aus der Nähe betrachtet jede Faszination und den Schimmer verlieren.

Aktuell beginnen sich viele Lichtkrieger vom Lichtweg abzuwenden, da sich die ihnen »versprochene« Erhebung in die Länge zu ziehen scheint, und so verlieren sie die Anbindung an das Licht; weder verstehen sie dies auf mentaler noch begreifen sie die Dynamik dieser Tage auf emotionaler Ebene. Viele Menschen erwachen, viele fallen zurück in ihren Dämmerschlaf; und dies betrifft vor allem bisher aussichtsreiche Lichtkrieger.

Die »spirituelle Szene« ist in der Tat am stärksten von Rückschritten und vom Aufgeben betroffen, während Menschen, die bisher jeder Aufstiegskenntnis fernstanden, ihr erstes Erwachen, ihre ersten Erweckungserlebnisse erfahren.

JJK: Aus meiner Sicht eine sehr bemerkenswerte Situation. Gestern zappte ich im Internet unterschiedliche neue Titel von spirituellen Büchern durch. Mir kam alles vor wie ein Einheitsbrei — absolut verwaschene und vereinheitlichte Heilungsangebote lachten mir auf vielen Covers entgegen. Eigentlich ertrage ich diese Literatur nicht mehr und lese viel lieber, so ich dazu komme, ein gut gemachtes politisches Buch oder einfach eine andere spannende Lektüre. Esoterische Literatur scheint mir heute einfach zu banal und von dunklen Energien durchzogen und verschmutzt.

SANANDA: Hier hat sich in der Tat sehr viel gewandelt. Die Beliebigkeit hat radikal zugenommen.

Und unter Beliebigkeit ist zu verstehen, dass bestimmte Themen immer neu aufgegossen werden, wie ein Tee, bis er nur noch abgestandenes Wasser ist — neu aufgegossen und mit neuen Inhalten angereichert, und diese Inhalte tragen sehr oft die Handschrift tiefer Finsternis.

So werden die Menschen auch von bisher zuverlässigen Channelmedien oft in die Irre geführt und weder Täuscher noch Getäuschte haben Kenntnis darüber.

Es ist in der Summe ein Ereignis, das den Erfordernissen dieser Zeit geschuldet ist.

Erfordert ist die konsequente Erkenntnisarbeit mit, in und bei sich selbst. Ein ständig wiederkehrendes Thema am Ende der Zeit und, abgesehen von einer Schar an Wissenden, ist der endgültige Rückfall der Esoterik-Szene in eine niedrigschwingende Lebensrealität zum Greifen nahe.

Die Gruppe von Menschen, die nun teilweise erwacht, da sie das dunkle Spiel der Schattenspieler dieser Zeit durchschauen, wird bis zu den finalen Tagen einen bestimmten Grad der Erkenntnis erlangen, der dazu geeignet ist, auf einer höheren 4D-Welt anzukommen.

Das heißt, heute ist es bedeutender die Zusammenhänge auf dieser Welt zu durchschauen — und sich davon ganz bewusst abzuwenden — als sich Luftschlösser in den Himmel zu bauen, nur damit man das Treiben auf dieser Welt vergäße oder sich dem nicht stellen müsse.

Erkenntnisarbeit beinhaltet alles und geht immer von innen aus. Verweigert ein Mensch also die Selbstbetrachtung, verweigert er auch die Betrachtung der Welt.

Die kleinste aller Gruppen bilden die Menschen, die große und endgültige Erkenntnisse erlangen werden.

Es sind jene Lichtkrieger der ersten und letzten Stunden, die entschieden haben, bedingungslos und konsequent den Weg des Lichts zu gehen, was bedeutet, die tägliche Arbeit im eigenen Weingarten mit ganzer Hingabe und Aufmerksamkeit zu verrichten und auf die Welt, so wie sie ist, unverstellt hinzublicken.

JJK: Weltweit sehe ich aktuell, wie sich das dunkle System auf den Zusammenbruch, soweit es geht, vorbereitet. Die Rufe, dass das Finanzsystem zusammenbrechen wird, nehmen zu — selbst große MM-Medien berichten bereits darüber. Interessant ist, dass dieses nahe Ende, trotz des hier erwähnten »Erwachens« vieler Menschen, die breite Masse noch immer nicht wahrhaben möchte.

SANANDA: Dieses Verhalten ist der Schutz, den sich jene Menschen, die nicht hinblicken wollen, selbst geben, um ihr Leben auf dieser oder einer ähnlichen Ebene prolongieren zu können — ein Verhalten, das einer bestimmten Entwicklungsstufe eines Menschen zukommt.

Auf dieser niedrigen Ebene der Erkenntnis ist dieses Verhalten logisch, für jemanden, der jedoch den Durchblick hat, ist dieses Verhalten absolut töricht.

JJK: Es sind sehr viele Menschen, die so funktionieren?

SANANDA: Ja, sehr viele! Das bedeutet, dass bis zum Tag der Tage kaum noch große Verschiebungen im kollektiven Bewusstsein der Menschheit geschehen werden. Es bedeutet aber auch, dass auf individueller Basis noch sehr viel möglich ist — bis zuletzt.

WÜRFEL SIND GEFALLEN!

Generell sind die Würfel für alle Ebenen der menschlichen Gesellschaft und der unterschiedlichen Menschentypen gefallen.

Was diese Zeit so bedeutend macht, ist, dass es bis zuletzt gilt, eine optimale Ausgangsposition für alle Menschen zu erschaffen: die Ausgangsposition und Basis, von der aus sie ihr neues Leben antreten. Ist der Moment der »großen Ereignisse«, die in einer Kaskade von bahnbrechenden Geschehnissen ablaufen, erreicht, dann ist es zu spät für eine Umkehr. Bis dahin ist jedoch jedem einzelnen Menschen alles möglich.

JJK: Die Aufgabe, eine für unsere Geschwister »gute Ausgangsposition« zu erschaffen, haben wir übernommen, die Lichtkrieger der ersten und letzten Stunden?

SANANDA: Dafür seid ihr geboren worden, dafür seid ihr zur Welt entsandt worden, damit ihr diese Welt

1) auf den Wandel vorbereitet und

2) für diese Menschheit Bedingungen, mit denen sie Wachstum erlangen kann, errichtet.

JJK: Wie geht es nun weiter? Die Vollmondportale kommen und gehen, so wie die Tage, Wochen und Monate vergehen und es wird vieles bewirkt. Jedoch wir sind immer noch auf dieser doch recht trägen und oft auch für mich unerträglichen Welt?

SANANDA: Eine Tatsache, die vielen Menschen »Kopfzerbrechen« macht. Worum geht es jetzt, um ein tief greifendes Verständnis dieser Situation zu erhalten?

WIE GEHT ES WEITER?

Es geht einzig darum, sich ständig an die Quelle aller Quellen, an Gott, anzubinden und durch dieses ständige «Angebundensein« an Gott ein inneres Wissen von diesen göttlichen Abläufen zu erlangen.

Wirkliche Gottesnähe bedeutet automatisch auch göttliches Wissen, bedeutet die Teilhabe an der göttlich allwissenden Wirklichkeit.

Sobald ein Mensch Gedankenspiele betreibt und sich darin verfängt, trifft er auf die harte Realität des Verstandes, die zum unendlichen Bild des Schöpfers und zu Seiner Unendlichkeit keinen Zutritt hat.

Folgender Zugang zum Leben ist aktuell von großer Wichtigkeit: Mit dem Verstand erfassen, was möglich ist, und mit dem allwissenden Bewusstsein erkennen, was sich jenseits jeder verstandesmäßigen Wahrnehmung befindet.

Hier müsst ihr den Blickwinkel wechseln und immer die übergeordnete Sicht eines bewussten Schöpfergottes einnehmen.

Für einen solchen, so er im Dienste steht auf dieser Welt und als »Anführer«, als Licht auf der Anhöhe, vielen Menschen Orientierung ist und Weg, gilt die Maxime: Überfordert und unterfordert niemanden — auch euch selbst nicht! Was in der aktuellen und hier besprochenen Situation bedeutet: Erkennt, wo die Menschen aussteigen, versteht es, ohne euch vom eigenen Weg und von der eigenen Gewissheit um die Richtigkeit aller Dinge und eurer Handlungen abbringen zu lassen. Versteht die Zweifel und die Skepsis, mit der ihr nun konfrontiert werdet, und fahrt damit fort, eure Arbeit im Weingarten Gottes mit aller gebotenen Behutsamkeit und Hingabe zu verrichten.

Diese Tage meistert der am besten, dessen Bewusstsein eins ist mit Gott; und diese Einheit zwischen Mensch und Gott bringt ihr damit am wirkungsvollsten zum Ausdruck, indem ihr unbeirrt weiterschreitet und indem ihr euch liebevoll dem wachsenden Gras am Wegrand zuneigt, denn Zweifler und Skeptiker sind dieser Wirklichkeit fern.

Hilfreich bei allen Betrachtungen dieser Endzeit und für alle Menschen, gleich ob Meister, Adept oder Unwissender, ist es, dem Verstand Unzumutbares nicht zuzumuten. Das muss scheitern, denn das Begreifen dieser Epoche, in deren Zentrum der Aufstieg dieser Welt steht, ist für den menschlichen Verstand unmöglich.

Ruft den Verstand auf, um euch zu dienen, gebietet dem Verstand zu schweigen, so er sich zu eurem Herrn aufschwingen möchte.

Beginnt nun eurem inneren Wissen, der unbeschreiblichen Gewissheit in euch selbst, genauso zu vertrauen, wie ihr einer mathematischen Formel oder einem für eure Augen sichtbaren Ereignis auf dieser Welt vertraut. Denn die Wirklichkeit allen Lebens ist jenseits des Sichtbaren. Nur ein sehr geringer Teil von 1% eures allmächtigen Bewusstseins macht das Leben, so wie ihr es wahrnehmt, aus. Wo sind die 99%?

Ich sage es euch: Um euch herum, ihr seid umgeben davon, umgeben von Leben, Licht und Welten.

Ihr lebt durch, in und mit eurem unbegrenzt allgegenwärtigen Bewusstsein. Blickt ihr aus einer anderen und begrenzten Perspektive auf diese Zeit, so könnt ihr das Jetzt niemals erfassen und dem sich als »Verzögerung« darstellenden Aufstieg kann nur mit mangelnder Gelassenheit begegnet werden.

Der Schlüssel liegt in der Verlagerung der Ebene. Von wo aus blickt ihr ins Tal? Vom Berggipfel aus, wobei euch das Tal zu Füßen liegt und ihr alles überblickt, oder von einem Hügel zwischen den Bergen aus, wo ihr nur einen Teil des Tales einsehen könnt? Vertraut eurem inneren Blick und schärft diesen, dann habt ihr erkannt und das Jetzt ist begriffen.

EREIGNISSE ANTE PORTAS

Die kosmische Lichtflutung nimmt weiterhin zu, was die Schwingung auf dieser Welt täglich erhöht. Die Leben der Menschen und diese Welt vollenden sich.

Die Ereignisse stehen ante portas!

Mit diesen Worten segne ich diese Menschheit.

Ich stehe dieser Welt bei — mit meiner Liebe, Kraft und Herrlichkeit, jetzt, da alles dem Leben dient und Gott geweiht ist.

In unendlicher Liebe
SANANDA

Mitgefühl macht den
Menschen zum Menschen,
Güte macht den
Menschen zum Meister
und Liebe macht den
Menschen zu Gott.
Der Weg dahin ist frei.

GOTT

ERWECKUNG DES MITGEFÜHLS

Gespräch mit GOTT
26.01.2015

ABWESENHEIT DES MITGEFÜHLS

JJK: Beobachte, dass den Menschen das Mitgefühl abhandengekommen ist. Dies nehme ich auch bei vielen spirituellen Suchern oder sogenannten »Meistern« so wahr. Nachdem die »Licht-und-Liebe-Illusion« erkannt wurde, schlägt das Pendel nun in die andere Richtung um und Menschen, die »anders« sind, werden rundweg abgelehnt. Neigten viele Menschen, vor allem die mit »religiösem« Hintergrund, lange Zeit dazu, alles und alle unreflektiert zu »umarmen«, so gilt jetzt die Devise, alles und alle, die nicht den Weg des Lichts verfolgen, rundweg abzulehnen und ihnen mit Eiseskälte zu begegnen. Die völlige Abgehobenheit und Empathielosigkeit, mit der nahezu die gesamte politische Elite agiert, hat auch die Esoterik-Szene erfasst.

Die Notwendigkeit, seine eigenen Angelegenheiten zu klären und zum eigenen Schutz weder nach links noch nach rechts zu blicken, führte dazu, dass auch das Mitgefühl auf der Strecke blieb. Ich erkenne dies oft selbst bei mir, wie schmal der Grad am Weg der Eigenklärung ist: Abgrenzung ohne Empathie oder mit Mitgefühl.

Dennoch macht das Mitgefühl einen Menschen erst zu einem Menschen. Was ist hier durcheinandergeraten, was gilt es zu korrigieren?

GOTT: Ich bin Alles—Was—Ist, ich bin Gott.

Geliebte Menschen, bringen wir Licht in dieses Thema, eine Beobachtung und Frage von großem Wert für diese Zeit. Menschen, die heute als »Elite der Gesellschaft« gelten, erfahren ihre Leben weitab der breiten Menschheit. Hier existiert ein sehr tiefes Gefälle zwischen Menschen und Menschen. Fernab des Mitgefühls ordnet die eine Gruppe alles ihren eigenen Interessen unter und wird die andere große Gruppe, die überwiegende Mehrheit, dafür ausgebeutet. Dies ist eine offensichtliche Tatsache, die hier nicht weiter erläutert zu werden braucht. Bedeutend für die Lichtkrieger dieser Zeit, für alle, die den Pfad des Lichts betreten haben, ist, dass dieses Muster auch bis in die spirituelle Szene durchgedrungen ist.

In der Tat, einer Pendelbewegung gleich, nachdem die Licht-und-Liebe-Illusion verlassen wurde, musste bei jenen

Menschen, die dies erkannten, eine sehr strikte Abgrenzung erfolgen, um keine ungebetenen Energien einzulassen. Diese Abgrenzung, das sich Schützen vor dunklen Energien hatte zur Folge, dass viele Lichtkrieger ihre mitfühlende Natur zu leugnen begannen. Diese Methode war sehr berechtigt, denn viele Heilungen und Klärungsarbeiten können nur unter absolutem Schutz, was bedeutet, frei von Fremdeinflüssen geschehen. Die energetischen Tore zum Wesen wurden prinzipiell verschlossen und sehr oft wurde neben den ungebetenen Gästen auch erwünschten Gästen der Zutritt verwehrt.

Erwünscht ist, was die Seele eines Menschen heilt, was sie am Leben erhält, sie stärkt - und vor allem wodurch ein Mensch in jeder Lebenslage in seiner inneren Balance bleibt.

Heute ist die Zeit gekommen, in der diese Schutzmauern durchlässiger werden, da die Lichtkrieger zu unterscheiden gelernt haben und zu agieren verstehen. Das Mitgefühl tritt wieder hervor und Empathie wird möglich, da sich die Lichtkrieger in sich selbst verankert haben. Denn:

Alle Lichtkrieger, die ihre eigenen großen inneren Kämpfe und Klärungsarbeiten weitgehend abgeschlossen haben, haben heute die Kraft, sich erneut zu öffnen und allem Leben auf ihre ursprüngliche menschliche Weise zu begegnen: mit Mitgefühl und Empathie, mit Liebe und mit dem Licht, das von ihnen ausgeht.

Dafür bedarf es einer immensen inneren Kraft und Klarheit. Ist beides vorhanden, wird alles möglich.

Geschieht diese Öffnung eines Wesens zu früh, geraten die Zuordnungen durcheinander und die dunklen Kräfte hinein.

NOTWENDIGER PROZESS

Das bedeutet: Die vorübergehende Abwesenheit vom Mitgefühl war ein notwendiger Prozess, um die Heilungen im Zentrum eines Menschen voranzubringen und um vollständig und klar zu werden.

Heute ist diese Phase bei vielen Lichtkriegern abgeschlossen und die innere Balance ist wiederhergestellt. Nun beginnt sich das Mitgefühl zu etablieren und die tatsächliche Natur der Liebe durchzusetzen. Frei von Illusionen wird erkannt, dass die Liebe alles vermag, und ihr seid bereit dafür, mit und durch diese Kraft zu wirken.

Die Zurückbleibenden, die, die nur noch als Seelenfragment existieren, und die, die mit diesem Wandel nichts zu tun haben, werden von den Menschen, die sich selbst geheilt haben, fortan mit Mitgefühl betrachtet. Eine völlig neue Situation, der die Kraft für große Heilungen innewohnt.

JJK: Der Fokus lag in den vergangenen Jahren also darauf, die Menschen unter »Ausschluss der Öffentlichkeit« in ihre Meisterschaft zu bringen, in ihre Schöpferkraft. Dabei kam diesem zutiefst menschlichen Zugang zum Leben das »Mitgefühl« abhanden?

GOTT: Jeder Entwicklungsschritt benötigt einen Boden, auf dem er sich ereignen kann. Der Boden für sämtliche Klärungsarbeiten der Menschenkinder war die vollständige innere Abgeschiedenheit von allen äußeren Einflüssen. Dies ist immer ein extremer Weg für jene, die dies von außen betrachten. Wer diese Vorgänge im Inneren versteht, der weiß sie richtig zu deuten.

UNBEWUSSTE ELITEN?

JJK: Wie hängt dies mit den zumeist völlig unbewussten Eliten auf gesellschaftspolitischer Ebene zusammen?

GOTT: Die Abwesenheit von Mitgefühl ist bei diesen Menschen Teil ihres »Betriebssystems«. Wäre es anders, könnten sie ihre Arbeit nicht auf diese Weise verrichten und ihr Joch nicht auf diese Art, selbstverleugnend und selbstzerstörerisch, tragen. Der Unterschied zu den Lichtkriegern der ersten und letzten Stunden, die sich durch intensive Klärungsarbeiten heute in diese neue Position als mitfühlende Schöpfergötter gehoben haben, liegt auf der Hand: vorhandene Erkenntnisarbeit mit den daraus resultierenden Früchten entgegen nicht vorhandener Erkenntnisarbeit mit den daraus abzuleitenden Folgen.

Die überwiegende Anzahl der heutigen Anführer in Politik und Wirtschaft vernachlässigt auch weiterhin ihre eigene Bewusstwerdung und hat entschieden — bewusst oder unbewusst — diesem sich nun auflösenden Gesellschaftssystem bis zum letzten aller Tage zu dienen.

DAS IST DER UNTERSCHIED: Die gereiften Lichtkrieger haben erkannt und bringen sich nun in ihre Mitte zurück, lassen Mitgefühl fließen und werden zu einem Ozean der Liebe. Ganz anders die große Anzahl der etablierten Eliten. Diese bleiben dumpf, treten menschenfeindlich auf, hegen destruktive Gedanken und pflegen verschmutzte Emotionen, die sich in schädlichen und selbstzerstörerischen Handlungen für jeden lebendigen Organismus ausdrücken.

Die Folgen sind: Ein schmerzvolles Erwachen aus dem Albtraum, den sie den Menschen bereiten, da sie selbst es sind, die mit den Folgen ihrer Taten konfrontiert werden, um ihr Fehlverhalten zu korrigieren und für einen Ausgleich zu sorgen.

JJK: Das heißt, die tatsächlichen Lichtkrieger agieren auf einer anderen Ebene, da sie ihre Klärungsarbeiten bereits vorangebracht haben.

GOTT: Ja. Bedeutend dabei ist, dass die Lichtkrieger nun auch jenen, die diese Welt schädigen und die Menschen missbrauchen, mit Mitgefühl begegnen. Dabei bleibt die strikte energetische Abgrenzung dennoch aufrecht.

Ein klarer Schutz vor Ausbeutung und Fremdübernahme ist noch nötig, jedoch dies geschieht heute aus einer tiefen inneren Souveränität heraus und nicht mehr aus Unwissen oder aus tief liegenden Ängsten.

Die richtig angewandte Unterscheidungskraft erzeugt diese Basis, auf der jeder Lichtkrieger siegreich bleibt und die Dunkelkräfte den Rückzug antreten müssen.

Diese Tatsache ermöglicht einen ganz anderen Blick auf das Leben — auf jedes Leben; gleichwohl sanft wie liebend und die Begegnungen mit der dunklen Art verlieren ihre Bedrohlichkeit. Plötzlich ist möglich, was bisher unerreichbar schien.

GÜTE UND MITGEFÜHL

Mitgefühl macht den Menschen zum Menschen, Güte macht den Menschen zum Meister und Liebe macht den Menschen zu Gott. Der Weg dahin ist frei.

JJK: Das heißt, das entschlossene und konsequente Verwenden von Verfügungen oder des uns verliehenen Lichtschwerts bleiben aufrecht?

GOTT: Aufrecht über alle Maßen. Die neue Qualität besteht darin, dass ihr aufgrund eurer Unterscheidungskraft die Unterschiede der Wesenheiten und die Feinheiten ihrer Absichten, sowie ihre energetischen Strukturen, erkennt.

Wer erkennt, weiß, und so könnt ihr weit souveräner jeder dunklen Entität begegnen. Dabei bleibt ihr abgegrenzt, ohne euch generell einem möglichen Wandel dieser Entität völlig zu verschließen, da Furcht und Ängste aus euch gewichen sind.

Diese Lektion ist erworben und nun könnt ihr wie selbstbewusste und klar orientierte Menschen auftreten: offen, souverän, frei, mitfühlend und liebend. Ein von Ängsten befreiter Mensch ist dazu in der Lage und geht immer diesen direkten Weg. Dabei ist es unbedeutend, ob ein Wesen auf euer Mitgefühl reagiert.

Wichtig ist, dass ihr selbst derart auftreten könnt, dass ihr selbst so empfindet und euch somit als liebend und als wahre Götter in Menschengestalt zu erkennen gebt.

Für alle Wesenheiten, die weder auf Mitgefühl noch auf Liebe reagieren können, da diese Frequenz der Schöpfung, aufgrund ihrer Art, nicht in ihnen angelegt ist, gibt es nur ein Heilmittel: die göttliche Gnade.

Alle Menschen jedoch, die unerlösten Hass in ihrem Herzen tragen, werden durch Mitgefühl erreicht und durch Liebe verwandelt. Hass durch Hass bekämpfen, ist wie Feuer mit Feuer löschen. Mitgefühl ist der Weg! Unaufdringlich angewandtes Mitgefühl und konsequent gelebte Liebe — das ist der Weg der Meister.

JJK: Am Schluss siegt die Liebe.

SIEG DER LIEBE

GOTT: Jeder spirituelle Weg vollendet sich in der Liebe. Diese Vollendung wird heute von vielen Lichtkriegern angestrebt und auch erlangt.

Heute gilt es, aus der inneren Mitte heraus zu leben. Das bedeutet, den »radikalen Weg« der Mitte zu gehen, was bedeutet, alle Gegensätze zu vereinen und jede Dualität aufzulösen.

Heute haben viele Lichtkrieger der ersten und letzten Stunden das Rüstzeug für diesen Meisterweg erlangt und die fundierte Klärungsarbeit der letzten Jahre bringt diese Früchte hervor.

Fürchtet euch nicht vor der Dunkelheit oder vor dunklen Angriffen, ihr seid behütet. Wer erbittet Einlass, worauf lenkt ihr euren Blick?

Ihr habt neue Wurzeln angelegt, die heute tief in die Erde reichen. Die Welt verwandelt sich durch eure Kraft, in eurem Licht und in der Liebe. Ihr seid zurückgekehrt zum Ursprung und ihr habt gefunden: Gott und Seine Herrlichkeit.

Ich bin
GOTT

Lichtvolle Energien
führen die Menschen
sanft an ihr Ziel …

ERZENGEL MICHAEL

URSPRUNG DES UNGLÜCKS

Gespräch mit ERZENGEL MICHAEL
10.02.2015

Ich bin allgegenwärtig unter den Menschen, wer mich reinen Herzens anruft, der begegnet mir und meinem Licht, fürwahr: Dem Menschen, der vom Hunger nach der Wahrheit und vom Durst nach Erkenntnis erfasst ist, ist alles gegeben und wird alles zuteil.

Ich bin ERZENGEL MICHAEL

Dich beschäftigt eine Frage.

JJK: In der Tat. Seit gut zwei Stunden wiederholen sich in mir Bilder, wobei unterschiedliche Menschen, denen ein größeres oder kleineres »Unglück« begegnet, sagen, dies sei aufgrund von dunklen Kräften, die ihr lichtvolles Wirken beeinträchtigen wollen, geschehen. Mit fällt seit einiger Zeit auf, dass sehr viele Lichtarbeiter, so sich die Dinge in ihrem Leben nicht nach Wunsch entwickeln, gerne auf dunkle Übergriffe verweisen und diese Möglichkeit bei jeder Gelegenheit als willkommene Ausrede verwenden, um bei sich selbst nichts verändern oder erkennen zu müssen.

Wenn mir zum Beispiel ein Glas runterfällt, dann womöglich einfach deshalb, da ich es nicht gut genug gehalten habe. Ich war unaufmerksam und nicht, weil mich bei jedem Missgeschick eine dunkle Kraft angestoßen hätte. Meine Frage: Manche Menschen schreiben eigene Defizite den dunklen Kräften zu. Woran sind also tatsächliche dunkle Einflussnahmen zu erkennen und wann handelt es ich um eine selbsterzeugte Situation?

ERZENGEL MICHAEL: Wahr ist, dass ein jeder Mensch sein Leben und alle Dramen, denen er darin begegnet, selbst in den Kontext setzt und selbst deutet. Dies ist eine angemessene Verhaltensweise, denn schließlich gilt es, die Eigenermächtigung zu erlangen.

Bei dieser Selbstbetrachtung werden sehr oft die unterschiedlichsten Dinge vermischt und die Menschen verlieren die Orientierung. Vor allem jene Menschen, die viele Dramen auf sich ziehen, die förmlich süchtig sind danach, um sich selbst als lebendig zu erfahren, neigen zu sehr fantasievollen Erklärungen ihrer Lebenskreise.

Hier gehe ich auf jene Lichtkrieger ein, die jede »unglückliche« Wendung in ihrem Leben den dunklen Kräften zuschreiben. Menschen, die dies unentwegt tun, die jede Situation ihres Lebens derart handhaben, haben den klaren und freien Blick auf eine Situation verloren oder diese

Fähigkeit noch nicht erworben. Wer zu dieser Differenzierung nicht fähig ist, der hat noch manche lichtarme Stelle in seinem Bewusstsein, der ist am Weg und hat noch nicht gefunden.

Dass sich in alle Belange eines Lichtkriegers dunkle Energien — heißt: Kräfte von außen — einmengen, ist grundsätzlich möglich. Sehr oft jedoch ziehen die Menschen das »Unglück« selbst auf sich, und dazu bedarf es keinerlei »dunkler Eingriffe«. Es sind jene Menschen, die ihren Lebenskreis auf Erden noch nicht vollenden wollen und sich den dunklen Erfahrungen auf dieser Ebene aussetzen. Oft sind es Menschen, die, obwohl sie große Schattenreiche ihr Eigen nennen, sich dennoch als große und mächtige Lichtkrieger erfahren. Ein Widerspruch? Nein. Auf dieser Erde befindet sich eine große Anzahl von mächtigen Lichtkriegern.

Die Frage ist, wer ist in dieses Bewusstsein tatsächlich erwacht, wer kann sich durch diese Wirklichkeit ausdrücken und wer ist so weit in sich geklärt, dass ihn die noch vorhandenen Schatten nicht mehr daran hindern können, seine Aufträge zu leben?

DUNKLE ANGRIFFE ERKENNEN

Woran ist also zu erkennen, ob es sich um einen dunklen Angriff oder um eine eigene Unachtsamkeit handelt, so es gilt, einer Situation den wahren Wert und die tatsächliche Bedeutung abzuringen?

Ein dunkler Angriff ist mit folgenden Merkmalen ausgestattet:

1.) Zeit und Ort sind immer mit einem konkreten Anlass verbunden und es geht immer mit der Tatsache, dass sich Lichtvolles manifestieren möchte, einher. Das heißt, um diese Spur aufzunehmen, gilt es, genau zu beobachten, womit ihr euch in Gedanken beschäftigt, welche Worte ihr ausgesprochen und welche Taten ihr beabsichtigt oder getätigt habt.

2.) Dunkle Angriffe wiederholen sich, laufen nach bestimmten sich gleichenden Mustern ab und sind mit bestimmten Ereignissen Absichten und Vorhaben eines Menschen direkt verbunden. Das heißt, widmet diesen wiederkehrenden Abläufen große Aufmerksamkeit. Wann stürzen eure Computerprogramme ab, wann stolpert ihr über die Stiege, wann fühlt ihr euch belagert? Welche »Logik« liegt jedem euch schwächenden Ereignis zugrunde?

3.) Dunkle Energien treten plötzlich auf. Das heißt, wie aus dem Nichts stören sie ein Menschenleben oder das Umfeld eines Menschen. Das heißt, erkennt dabei, worauf diese Kräfte abzielen und wo ihr dafür erreichbar wart.

Jeder Angriff von dunklen Wesenheiten kann aufgrund der euch übertragenen Macht und der euch verliehen Kraft wirkungslos gemacht werden. Dabei werdet ihr von einer großen Schar der himmlischen Lichtkräfte unterstützt.

SELBST GEMACHTE DRAMEN ERKENNEN

Wann handelt es ich um eine »Ausrede«, wann sind die Dramen selbst gemacht und nicht von den Dunklen hervorgerufen?

1.) So ihr bemerkt, dass es durchaus in eurer Macht lag, etwas zu verhindern, und ihr achtlos agiert habt.

2.) So ihr bei jeder nur erdenklichen »Kleinigkeit«, die in eurem Leben nicht rund läuft, reflexartig und ohne zu reflektieren, einer Kraft von außerhalb die Verantwortung dafür zuschiebt. Wer generell zu diesem Verhalten neigt, und nicht mehr jede Situation einzeln prüft, hat sich von der klaren Selbstwahrnehmung verabschiedet.

Es gilt, jede Situation genau zu untersuchen. Dabei sehr ehrlich und aufrichtig zu sein, um die richtigen Zuordnungen zu erkennen. Das erfordert etwas Übung, ist jedoch absolut notwendig, um nicht abseits des Lichtweges zu stranden.

JJK: Schließlich können ja auch die lichtvollen Kräfte des Himmels in einem Menschenleben etwas umstellen oder vereiteln, damit der Mensch am Lichtweg bleibt. Für die im ersten Moment als unangenehm empfundenen Situationen eines Lebens müssen also nicht per se die Dunklen zuständig sein.

LICHTVOLLES EINGREIFEN ERKENNEN

ERZENGEL MICHAEL: Diese behutsame Führung aus der lichtvollen geistigen Ebene durch die geistigen Familien wird allen Lichtkriegern zuteil.

Sehr häufig erzeugen diese Wesenheiten Umstände, die ihr nicht sofort zuordnen könnt und die manche von euch zu schnell, und ohne genau hinzublicken, als dunkle Einflussnahme abtun.

JJK: Das heißt, wenn mein Computer abstürzt, kann es auch sein, dass das von den lichtvollen Kräften jetzt so gewollt ist?

ERZENGEL MICHAEL: Natürlich! So für eine bestimmte Arbeit oder eine bestimmte Handlung jetzt der falsche Zeitpunkt ist, wird sehr oft aus den höheren Ebenen eingegriffen. Die unsichtbaren himmlischen Lenker der Menschen verrichten sehr wertvolle Arbeit, um die Menschen auf Kurs zu halten.

JJK: Aber wie diese zwei »Einflussnahmen« (dunkel/licht) erkennen und wie sie auseinanderhalten?

ERZENGEL MICHAEL: Im Moment des Geschehens ist es nicht unbedingt leicht, da es in diesem Augenblick auch nicht klar ist. Das Kriterium, so Lichtkräfte eingreifen, ist, dass sich die segensreichen Folgeerscheinungen sehr rasch einstellen.

Greifen die dunklen Kräfte ein, bleibt meist nur Zerstörung zurück, bleiben Schmerzen und Verwundungen, die es zu heilen gilt. Der tiefe Sinn dieser Übergriffe enthüllt sich nach und nach.

Das bedeutet: ***Lichtvolle Energien führen die Menschen sanft an ihr Ziel, dunkle Kräfte wollen die Menschen mit Gewalt vom Erreichen des Ziels abhalten.***

METHODE DER UNTERSCHEIDUNG

Den Unterschied macht die Energie. Denn zunächst gleichen sich die Umstände. Die Methode ist: ohne voreiliges Urteil abzuwarten und die übergeordnete Sicht einzunehmen, um Klarheit zu erlangen.

Wichtig dabei ist, dass ihr jede einzelne Situation für sich betrachtet und diese in den Kontext zu eurem Leben stellt.

Generalisiert niemals, schreibt vordergründig unangenehme Ereignisse weder voreilig den dunklen noch den lichtvollen Kräften zu. Betrachtet, was ist, und erkennt, was ist. Mit ein wenig Übung bleibt ihr immer sehr gut orientiert.

JJK: Weiß momentan nicht, was ich schreibe, da ich ziemlich weggeschaltet bin, jedoch es fühlt sich gut und sehr richtig an.

ERZENGEL MICHAEL: Und es ist wichtig. Denn das leichtfertige Abwälzen aller unerwünschten Vorkommnisse im Leben eines Lichtkriegers auf Zweite oder Dritte ist ein Umstand, der heute aufgezeigt werden muss, damit die Menschen ihren Fokus auf dieses Denk- und Verhaltensmuster richten. Es geht darum, dass die Lichtkrieger auf allen ihren Ebenen für sich selbst Verantwortung übernehmen können, und dies geschieht, indem sie in jeder Situation die richtigen Zuordnungen treffen. Das ist der Punkt.

Mit dieser Botschaft segne ich die Menschheit, die mir anvertraut ist, und die Menschen, die in den Himmel zurückkehren.

Das Licht des Lebens und die Liebe des Schöpfers sind allgegenwärtig. In Ewigkeit.

Ich bin
ERZENGEL MICHAEL

Die Menschen
werden leben
und die Liebe
wird regieren.

ERZENGEL GABRIEL

LIEBE WIRD REGIEREN IN DER NEUEN GALAXIE

Gespräch mit ERZENGEL GABRIEL
23.03.2015

Beobachtung: *Aus Berichten, die ich erhalte und durch eigene Beobachtung nehme ich wahr, dass viele Menschen derzeit durch sehr intensive Transformationsprozesse schreiten. Freundschaften werden beendet, Partnerschaften aufgelöst oder abgebrochen. Davon betroffen sind alle Ebenen des menschlichen Zusammenlebens, Beruf und Familie.*

Die kompromisslose Klärung im Umfeld der einzelnen Menschen hat voll eingesetzt und alles wird auf den wahren Wert hin geprüft; und während dieser Zeit warten die Menschen auf den Wandel, sie erwarten große Umbrüche und den Zusammenbruch dieser äußeren Welt. Für mich ein interessanter Befund, denn während die Menschen auf den Zusammenbruch im Außen warten, bricht deren Welt im Inneren und das selbst erschaffene nächste Umfeld zusammen. Innen wie außen stimmt hier exakt. Das heißt, zuerst wird im Leben des einzelnen Menschen klar Schiff gemacht, ehe es daran geht, auf der Welt für »Ordnung« zu sorgen.

Das lässt mich schlussfolgern, die großen Ereignisse in der Welt werden nicht mehr lange auf sich warten lassen.
(Beobachtung Ende)

Geliebte Menschen,
ich bin ERZENGEL GABRIEL

Ich bin die Kraft Gottes und der Bote Gottes.
Ich bin der Verkünder für die Menschheit.

Innen wie außen! Somit laufen die Prozesse der inneren Verwandlung eines Menschen, der Reinigung der Menschenherzen und der Klärung aller noch anstehenden individuellen Lebensthemen auf Hochtouren. Je weiter wir bei diesem Vorgang fortschreiten, desto näher sind die Manifestationen in der äußeren Wahrnehmung.

Der Wandel findet also bereits auf allen Ebenen statt und das seit geraumer Zeit. Durch die Tatsache, dass sich dieser immer von innen nach außen bewegt, ist dafür gesorgt, dass die Ereignisse, die euch verkündet wurden, eintreffen werden, da sie es müssen; ***die Energie jeder inneren Erkenntnis bahnt sich immer den Weg in die äußere Welt.***

Wenngleich aus mancher menschlichen Sicht die Zeit ohne nennenswerte Ereignisse vergeht und die Welt weiter im alten Trott sich dreht, ist exakt das Gegenteil der Fall.

Eine überwältigende Dynamik ist entfacht und nur euer begrenztes menschliches Bewusstsein erfasst es nicht und erliegt der Illusion der Zeit.

Euer Bewusstsein weiß: Eure menschlichen Konditionierungen blockieren oft den Pfad in dieses Wissen. Daran wird aktuell bei vielen Menschen gearbeitet und immer mehr Menschen überschreiten die selbst erschaffenen Grenzen.

Teil dieses Vorganges ist es, dass die Wahrheit in allen Belangen ans Licht kommt. Was auf individueller Ebene bedeutet, dass sich alle unechten Beziehungen auflösen; und ***»unecht« ist, wo ein Mangel an Wahrhaftigkeit herrscht, wo Beziehungen auf den Grundmauern des Kompromisses ruhen, anstatt das solide Fundament der Wahrhaftigkeit aufzuweisen.***

SUBSTANZIELLE ERKENNTNISPROZESSE

Ein Mangel an Klarheit, der auch unter den bereits fortgeschrittenen Lichtkriegern vorzufinden ist. Somit werden nun die weiteren Erkenntnisprozesse verfügt, kompromisslos und substanziell. Davon berührt werden alle Menschen, die ihre Seele für die Verwandlung geöffnet haben, und es ist von untergeordneter Bedeutung, inwiefern der Mensch im Tagesbewusstsein von dieser seiner Entscheidung Kenntnis hat.

Die große Schar jener Menschen, die sich vom Wandel fernhalten, da die Ereigniskette auf dieser Welt noch unvollendet ist, bleibt auch weiterhin unbewusst. Diese Wesen werden im Moment der großen Ereignisse durch wertvolle Erfahrungen schreiten, die sie zu weiterem Wachstum anleiten.

Bis es so weit ist, wird die Transformationsenergie weiterhin angehoben, bis ihr die Kraft, diese Welt aus den Angeln zu heben, innewohnt. Damit ist gesagt:

Begrüßt alle Fügungen in eurem Leben, diese bringen euch immer zu neuen Einsichten und ermöglichen neue Entscheidungen.

Klarheit erlangen und unmissverständliche Entscheidungen zu treffen, das ist die Qualität, derer es jetzt bedarf, und wodurch ihr euren göttlichen Aufträgen näherkommt.

Viele »Freunde« können mit eurer Entwicklung nicht mehr Schritt halten. Der Grad der Erkenntnis ist unter »alten Freunden« sehr oft zu unterschiedlich, als dass Beziehungen noch fortgesetzt werden könnten.

So werden alle Beziehungen auf allen Ebenen erneut einer Prüfung unterzogen und die Bewussten erkennen, wo sie es mit unbewussten Naturen, die an ihrem Zustand nichts ändern wollen, zu tun haben.

PARTNERSCHAFTEN IM LICHT DER WAHRHEIT

Im Licht der Wahrheit betrachtet, erscheint manche Beziehung heute überholt, da die Einen ihren Weg in das Licht fortsetzen und die Anderen in den schweren Stiefeln der Zeit feststecken.

Was ist heute das Kriterium, um eine erfüllende Partnerschaft mit Menschen zu führen? Es ist die weitgehende Übereinstimmung der Energien. Das heißt, je näher sich Menschen in ihrer seelischen Entwicklung sind, desto erfüllender ist das Zusammensein. Ein gereinigtes Wesen lässt unreine oder diffuse Schwingungen in seinem Umfeld nicht zu.

Das bedeutet, von einem energetisch dauerhaft verschmutzten Menschen zieht sich ein in den Energien weitgehend geklärter Mensch automatisch zurück; ohne Anstrengung und auf ganz natürliche Weise. Erkennen und handeln, selbstbewusst und klar, das ist die Devise dieser Tage. Kompromisse gehören der Vergangenheit an und Unsicherheiten sind für diese Menschen nur noch Relikte und Erinnerungen aus der alten Zeit.

JJK: Das heißt, wer die Erkenntnis besitzt, wie sich Energie in seinem nächsten Umfeld verhält, der geht konsequent vor, so ihm diese Energien nicht mehr zuträglich sind. Unzumutbares lässt die »neue Generation der Lichtkrieger« nicht mehr über sich ergehen. Ein radikaler Ausstieg aus dem Opferstatus?

ERZENGEL GABRIEL: Ja, radikal und mit bleibender Gültigkeit. Diese Menschen haben jede Furcht vor Veränderungen abgelegt oder überwunden, im Gegenteil — Veränderungen werden willkommen geheißen, da sie als weitere Wachstumspotenziale erkannt werden.

Das ist ein großer qualitativer Unterschied zu der bisherigen weitverbreiteten Entwicklungsstufe der Menschen. Wer sich selbst der Transformation ausgesetzt hat, der begegnet der Wahrheit auf allen Ebenen und der kann und möchte sich dieser nicht mehr entziehen.

Dadurch beschleunigen sich die Ereignisse im Außen und es brechen die Pfeiler dieses Gesellschaftssystems weg, bis das System selbst zusammenbricht.

Der individuelle Wandel eines Wesens ist somit der Schlüssel für jeden globalen, planetaren und kosmischen Wandel.

Diese tief graue Orion-Matrix wird überwunden, sobald die Spuren dieser Matrix aus den einzelnen Menschenseelen entfernt und getilgt sind. Ist eine bestimmte Anzahl von Menschen davon befreit, dann wird die nächste Phase im Vorgang des Aufstiegs »gezündet«. Weitere Klärungs- und Erkenntnisarbeit ist bis dahin das Tagesprogramm eines menschlichen Lebens.

JJK: Wie hoch muss die Zahl der geklärten Menschen sein, bis ausreichend Energie freigesetzt ist, um die äußeren Ereignisse zu bewirken?

ERZENGEL GABRIEL: Die Anzahl ist bereits heute erreicht. Es ist die Zahl der Menschen, die sich bedingungslos ihrer eigenen Transformation verschrieben haben und sich dessen vollkommen bewusst sind.

Die Kraft, die von diesen Menschen ausgeht, nimmt kontinuierlich zu, da sich die Transformationsarbeiten fortsetzen und das Licht immer mehr Wesensteile dieser Menschen durchdringt. Somit ist es nicht die Quantität der Menschen, die den Wandel bewirkt, sondern es kommt auf die Qualität an.

Wisset: ***Ein Erleuchteter auf dieser Welt hat die Kraft, diese Welt vor ihrer Auslöschung zu bewahren. Mehrere Erleuchtete haben die Kraft, diese Welt in die nächste Dimension zu heben; und viele Lichtträger am Weg zur Erleuchtung sorgen dafür, dass bis zum letzten aller Tage ein unerschöpfliches Maß an Potenzialen zum Erwachen für alle Menschen bereitgestellt wird.***

Dieser große Wurf des Himmels und der Erde ist jetzt im Gange und die Transformationsenergie verstärkt sich auf diesem Planeten stündlich.

Die Schwingung auf dieser Welt wird weiterhin angehoben, bis das Licht alle Ebenen mit der Licht- und Liebesschwingung der 5. Dimension der Schöpfung durchdrungen hat. Daraufhin fällt die alte Welt von euch ab, wie ein altes zerlumptes Kleid, das man nicht erwarten konnte abzulegen.

Mit diesen Worten segne ich jeden Menschen!
Begegnet den kommenden Herausforderungen in diesem Wissen, denn der Wahrhaftigkeit ist diese Epoche geweiht.

Die Menschen werden leben und die Liebe wird regieren. Die Menschheit wird sich unter dem Banner Gottes vereinen und mit den hohen Lichtreichen der Schöpfung verschmelzen — in der neuen Galaxie dieses Universums.

Ich bin
ERZENGEL GABRIEL

Völker, vereint euch,
Menschen, erhebt euch!
Frieden soll regieren
auf dieser Welt
und es wird Liebe sein
unter den Menschen!

SANANDA

VÖLKER, VEREINT EUCH, MENSCHEN ERHEBT EUCH!

Gespräch mit SANANDA
01.-04.05.2015

Frieden sei mit Euch!
Frieden ist mit Dir!
Das Friedensreich breitet sich in Dir aus!

Ich bin SANANDA

Frieden ist die Sehnsucht der Menschen und dennoch vermögen nur wenige dieser Sehnsucht gemäß zu leben.

Die alleinige Abwesenheit von Krieg ist kein Frieden und so waren die friedlichen Epochen auf dieser Welt stets Übergänge von einem Krieg zum nächsten.

Die Zeit zwischen den Kriegen galt als Zeit des Friedens. Wahrer Friede ist dieser Menschheit bisher somit unbekannt. In der polaren Wirklichkeit repräsentieren Krieg und Frieden zwei Seiten einer Medaille. Erst nachdem sich alle Gegensätze und die Polarität selbst aufheben, kann das Friedensreich auf dieser Welt entstehen und — vor allem — bestehen bleiben.

Auf einer Welt der Trennung kann kein dauerhafter Frieden herrschen, da Trennung immer Konflikte hervorbringt.

Diesem Gesetz der 3D-Welt gehorchte der Rhythmus der 3D-Menschheit und dieses Gesetz hört nun auf zu wirken, da ihr aus dieser 3D-Matrix aussteigt und eine Einheit werdet mit den lichten Welten der 5. Dimension des Seins.

Somit kann zusammengefasst werden: Frieden auf einer polaren Welt bedeutet die zeitlich begrenzte Abwesenheit von Krieg. In solch einer Matrix kann das Weltfriedensreich nicht dauerhaft errichtet werden, sondern die polare Welt muss zuerst überwunden sein, ehe das ewige Friedensreich anbricht.

KRIEG UND FRIEDEN

Der Vorgang der Erhebung verstärkt heute den Ruf der Menschheit nach Frieden; und während dieser Ruf lauter und lauter wird, manifestieren sich neue Kriege, wallen neue Konflikte auf und es wird Unfrieden geschürt.

Dies mit dem Ziel, den einzelnen Menschen und die menschliche Gesellschaft weiter an das Rad des Karmas zu binden. Ist Frieden in aller Munde, ist der Krieg nicht fern. Diese Widersprüchlichkeit in dieser Endzeit verstärkt sich mit jedem Tag.

Zugleich beginnt das Licht, alle Ebenen dieser Matrix zu erleuchten.

Der Aufstieg in das Licht, von Mutter Erde und jenen Menschen, die mit Mutter Erde mitschwingen, ist in vollem Gange — und gleichzeitig wird die Menschheit mit bisher unvorstellbaren Entladungen konfrontiert.

Ein scheinbarer Widerspruch, der jedoch bei genauerer Betrachtung einen notwendigen wie natürlichen Vorgang in dieser Zeitqualität darstellt. Aufgrund des spirituellen Lichts, das der Erde seit geraumer Zeit zufließt, entzünden sich Konflikte, ehe sie ins Licht entlassen werden können. Es wird Karma erlöst und es wird auf allen Ebenen für einen energetischen Ausgleich gesorgt. Vor allem aber gilt es, die bisher unerlösten Verletzungen der Menschheit zu heilen und die Schmerzen, die der Mensch Mutter Erde zugefügt hat, zu erlösen.

Je intensiver die Lichtflutung aus der ZENTRALEN SONNE ***ist, desto tief greifender sind die Vorgänge der Transformation auf allen Ebenen dieser Welt.***

Dabei treten Tatsachen und die Wahrheit als erstes Resultat hervor und die Menschheit erkennt, unter welcher Regie sie ihr Leben bisher fristen musste.

Diese Tage verlangen den Menschen und Mutter Erde alles ab; und es gilt, vor allem seine Sinne zu beherrschen, Meister seiner selbst zu sein und sich nicht von seinen Sinnen beherrschen zu lassen; und es gilt, seinen Geist auf die übersinnliche Welt des Lichts konstant auszurichten.

Wir sind heute an dem Punkt in der Erhebung angelangt, an dem es, mitten in der Turbulenz dieser Zeit, für jeden Menschen gilt, in sein Friedensreich zu gelangen. Es gilt den aktuellen Auseinandersetzungen in der Welt den bereits erlangten inneren Frieden entgegenzustellen.

Eure Sehnsucht nach Einheit und Frieden in der Welt muss in euch selbst bereits gestillt sein.

FRIEDENSREICH IST IN EUCH!

Seid ihr mit euch selbst versöhnt und in das Friedensreich in euch selbst eingetreten, dann mag die neue Zeit kommen und sie wird euch nichts abverlangen, denn ihr besitzt sie bereits. Auf dieser Basis könnt ihr zum Wohle aller wirken und das Kriegsgeschrei dringt nicht mehr zu euch durch. Ihr bleibt völlig unberührt vom Treiben der Dunklen und von den Entladungen dieser Zeit.

Konflikte, die noch in euch selbst existieren, müssen heute erkannt und erlöst werden, um den Konflikten auf weltpolitischer Ebene, zwischen Völkern und Rassen, Religionen und Glaubenssystemen, das Wasser abzugraben!

Das ist die Basis, auf der das Weltfriedensreich entsteht und auf der ein jeder Mensch, ehe er selbst diese 3D-Matrix verlässt, seinen einmaligen Beitrag zur Heilung dieser Welt leistet.

WEISSE BRUDERSCHAFT

Die Weiße Bruderschaft ist auf diese Welt zurückgekehrt.

Viele von uns haben einen Körper angenommen, um diesen Weg der Transformation mit den Menschen gemeinsam zu beschreiten. Dabei ist uns die Aufgabe übertragen, die einzelnen Menschen vor Ort anzuleiten, damit sie den globalen Wandel durch ihre manifestierte Liebe und ihren tiefen inneren Frieden voranbringen: innen wie außen — zu keiner Zeit war diese Tatsache mit so vielen direkten und unmittelbaren Ereignissen verknüpft.

Krieg oder Frieden, das wird heute in »Echtzeit«, das heißt im Hier und Jetzt, durch den einzelnen Menschen entschieden!

Lange Karmaschleifen gehören der Vergangenheit an, heute erlösen und zeigen sich die Dinge im Jetzt — Licht wie Schatten.

Wer die Trennung wählt, bleibt ein Gefangener dieser Welt, wer die Einheit wählt und in sich selbst hergestellt hat, überwindet diese Welt, und der geht ein ins ewige Reich des Friedens, in den Himmel, der da ist allgegenwärtig.

Somit gilt es heute ausschließlich einer Notwendigkeit nachzukommen: Alle kriegerischen und zerstörerischen Energien in euch selbst zu entfernen, sie zu befreien, indem ihr sie in das Licht stellt. Kriege sind keine Lösung und waren es niemals.

Wer Ungerechtigkeit mit neuem Unrecht bekämpft, wer auf Blut mit Blut antwortet oder wer Feuer mit Öl löscht, der webt weiter am Netz des Karmas, der kann und wird der neuen Menschheit nicht angehören.

FALLE DER DUNKLEN

Durchschaut die »Falle der Dunklen«. Diese Kräfte wollen euch in Konflikte ziehen, die ihr in euch selbst längst überwunden habt. Daher gilt es, heute nur noch einem Übel, dem »großen Übel«, zu begegnen: dem Übel, das von einigen

Wenigen ausgeht und über die ganze Welt getragen wird.

JJK: Was bedeutet in diesem Zusammenhang, Lichtkrieger zu sein, und wie sollen sich Lichtkrieger verhalten, um keine neuen karmischen Verstrickungen einzugehen?

KÄMPFEN AUS LIEBE

SANANDA: Kämpfen aus und in Liebe! Das bedeutet:

1.) Dunkle Übergriffe zurückweisen mittels Lichtschwert, das gleichwohl auf feinstofflicher wie auch auf feststofflicher Ebene wirkt.

2.) Dunkle Übergriffe zurückweisen mittels Verfügungen, die ebenso auf allen Ebenen wirksam sind.

3.) Dunkle Übergriffe zurückweisen mittels physischer Kraft, mittels klugem Denken und klugem Handeln.

In diesem letzten Fall seid euch versichert, solange das Böse zu euch kommt und nicht von euch ausgeht, so lange erschafft ihr keine neuen karmischen Schleifen; und ***solange ihr kämpft, da euch ein Kampf auferlegt und aufgezwungen wurde, bleibt ihr von weiteren karmischen Schleifen frei.***

Wer jedoch kämpft um des Kampfes willen und wessen Kampf keinem höheren lichtvollen Zweck geweiht ist, der hat den Kampf mit der Finsternis auf unterster Ebene aufgenommen und wird selbst zu dem, was er vorgibt zu bekämpfen.

Hier gilt es klar zu unterscheiden, denn wahrlich: Schlägt dich jemand auf die rechte Backe, so verweigere ihm die linke Backe und ziehe ihn für sein Tun zur Verantwortung! Das ist das wahre Bibelwort, denn wahrlich:

Solange der Irrglaube, Liebe gewähre alles und fordere nichts, bestehen bleibt, haben die dunklen Herrscher ein leichtes Spiel mit den Menschen und die Rollen von Opfer und Täter bleiben weiterhin klar verteilt.

JJK: Das heißt, so ich physisch bedroht werde, darf ich mich auch physisch zur Wehr setzen?

SANANDA: In der Tat, denn nicht das, was du tust, zählt, sondern warum du etwas tust! Zuallererst jedoch gilt es, die Gewalt, die ihr euch selbst antut, zu entfernen!

Ihr werdet deshalb Lichtkrieger genannt, da ihr die Qualität besitzt, jedem lichtlosen Zustand mit eurem Licht zu begegnen.

Ihr werdet deshalb Lichtkrieger genannt, da ihr als hochschwingende Wesenheiten auf niedrigschwingenden Welten

Kämpfe, Schlachten und Kriege ausfechtet, um der Menschheit und nicht um euch selbst einen Dienst zu erweisen.

JJK: Wir sind also hier inkarniert, um dieser Welt den Aufstieg zu ermöglichen, und nicht des eigenen Aufstiegs willen?

SANANDA: Sowohl als auch! Beides ist zutreffend und jeder Mensch folgt seinen göttlichen Aufträgen. Wahr ist: Mancher Lichtkrieger hat diese Welt aus freiem Willen und ohne karmische Lasten betreten.

Der Weißen Bruderschaft ebenbürtig, wirken diese Menschen zum Wohle aller, da sie selbst Verwirklichung erlangt und Gott geschaut haben. Es sind die Götter, die vom Himmel gekommen sind und die den Himmel jetzt auf dieser Welt manifestieren. Die Zeit für die Einheit des Menschengeschlechts, fern der Vereinheitlichung, ist gekommen und diese Menschheit wird über die Finsternis triumphieren!

Ein anderer Ausgang dieser Endzeit ist ausgeschlossen, da der Grad des Erwachens und die bereits manifestierte Kraft der Liebe diese Voraussetzungen erschaffen haben. Die geeinte Menschheit nimmt Gestalt an und das, während neue Gräben zwischen den Menschen aufgerissen werden. Schwarze und Weiße, Rote und Gelbe, Christen und Muslime, Buddhisten und Hindus, Reiche und Arme sind dabei, ausreichend Energie zu entwickeln, um den wahren Verursachern dieser Zustände wirkungsvoll zu begegnen; und erneut ist ein jeder Mensch selbst gefordert. Denn:

Ehe die Menschheit als Einheit wahrgenommen werden kann, gilt es in sich selbst alle Gegensätze vereint zu haben. Wer vor seinem eigenen Schatten flieht, der hat auch Furcht vor dem fremden, und ist weder in der Lage mit dem Unbekannten Bekanntschaft noch Frieden zu schließen. Der Kreis schließt sich immer bei dir, was im Außen existiert, wird zuallererst im Inneren eines Menschen erschaffen, daher: Fürchtet euch nicht, sondern macht euch ans Werk, der Finsternis in euch selbst mit eurem göttlichen Lichte zu begegnen.

Nachdem ihr euer Licht gesehen, eure Macht erfasst und eure Herkunft begriffen habt, schreitet, so es geboten ist, in den Kampf, denn die letzten Schlachten auf dieser Welt werden mit allen Mitteln ausgetragen und die wirkungsvollsten Mittel sind:

a.) das Schwert des Lichts und

b.) die euch zur Seite stehenden Armeen des Himmels.

Nachdem ihr die eigene, noch unerlöste niedrige Natur überwunden habt, gilt es jetzt, die niedere Natur dieser Matrix zu überwinden, die Verantwortlichen sichtbar zu machen und sie mit Namen zu nennen — innen wie außen. Wer innen klar ist, erkennt auch die Fallstricke im Außen, der weiß, wie sich das Prinzip der Orion-Matrix »teile und herrsche« auf die gesamte Menschheit auswirkt, und der weiß, dass diesem Prinzip das Prinzip der All-Einheit allen Lebens entgegenzustellen ist.

BANNSTRAHL DES LICHTS

Ermöglicht euch diesen Zugang zum Leben, schafft die Basis für das Friedensreich auf Erden in euch selbst. Die dunklen Kräfte werden von dieser Welt verbannt und ihr seid die, von denen der Bannstrahl ausgeht, ihr habt es verfügt.

Lasst euch nicht täuschen, jetzt da Krieg und Frieden aufeinanderprallen. Mitten in den größten Kämpfen und im Angesicht der größten Gefahr wird diese Welt aus der polaren Wirklichkeit genommen und in die Alles-Was-Ist-Einheit in Gott zurückkehren.

Völker, vereint euch, Menschen erhebt euch!
Frieden soll regieren auf dieser Welt und es wird
Liebe sein unter den Menschen!

Gott steht euch bei in diesen Stunden,
in denen sich euer Werk der Liebe an der Welt vollendet.

SANANDA

Heilt eure Herzen,
heilt eure Wesensteile
auf allen Ebenen.

ERZENGEL MICHAEL

PROPHEZEIUNGEN ZUR ENDZEIT

Gespräch mit ERZENGEL MICHAEL
28.05.2015

3 TAGE FINSTERNIS?

JJK: Stoße die letzten Tage immer wieder auf alte Prophezeiungen, die am Ende der Zeit von 3 Tagen Finsternis ausgehen? Dazu erhielt ich vor einiger Zeit eine Botschaft aus einer niederschwingenden Ebene, die ich dann verwarf, da dieses Szenario, wie mir SANANDA bestätigte, nicht auf diese Welt zutrifft und auch aus einer niederschwingenden Ebene durchgesagt wurde. Was aber hat es damit auf sich, denn ich stoße, ohne danach zu suchen, seit Wochen wiederholt auf Artikel und Berichte, die von diesem Ereignis sprechen?

ERZENGEL MICHAEL: Ich bin das Licht für die Menschheit, ich bin allgegenwärtig auf der Erde.

Fürwahr, diese Prophezeiungen weisen auf eine Zeit in der Zeit hin. Das bedeutet, dass sich dies in bestimmten Hologrammen bereits ereignet hat oder noch ereignen kann. Genauso wie sich ein jeder Mensch seine Wirklichkeit erschafft, existiert jede Welt in ihrer eigenen Schwingung und Realität. Die Vielfalt der holografischen Welten ist in der Tat beeindruckend und unendlich, somit treten unterschiedlichste Manifestationen auf unterschiedlichen Welten auf.

»EIGENE WIRKLICHKEITEN«

Es ist wesentlich zu verstehen, dass ein jeder Mensch seiner Wahl gemäß lebt und folgerichtig auch seiner Wahl gemäß das Leben auf dieser Ebene be- oder vollendet.

Aufstieg oder Abstieg ereignen sich bei jedem Wesen in der »eigenen Wirklichkeit«, dies schließt auch die Variation der Drei-Tages-Finsternis auf bestimmten Erdhologrammen mit ein. Es existieren Raumzeitlinien, auf denen sich dies exakt so zuträgt; und somit erfüllen sich die Prophezeiungen der alten Propheten für jene Menschen auf diesen Welten und auf diese Weise.

Für die höheren Ebenen des Seins haben sämtliche Prophezeiungen der alten Tage wenig Aussagekraft, wenngleich auch dort vereinzelte Situationen exakt diesen Vorhersagen gleichen können.

JJK: Welche Vorhersagen sind damit gemeint?

ERZENGEL MICHAEL: Auf allen Welten werden die Ereignisse der letzten Tage in einer sehr kurzen Zeitspanne ablaufen und sich vollenden.

Dies deshalb, da die vollständige Abkoppelung der hochschwingenden neuen Erde von allen niederschwingenden Welten in einem Ruck erfolgt.

Dies sorgt überall für kurze Zeit für erhebliche »Unruhe«, aus der das Neue Friedensreich, die Erde der 5. Dimension, hervorgeht. Altes wird abgelöst und das Licht gebiert die neue Welt.

JJK: Das heißt, die eigentlichen Umbrüche kommen sehr rasch und die letzten Vorgänge sind in einigen Tagen beendet?

ERZENGEL MICHAEL: Ja. Die Aufsteigenden werden diesem Wunder mit großer Freude begegnen und die Zurückbleibenden werden, je nach Ebene, entweder wenig Veränderungen erkennen oder aber durch große Dramen gehen.

RUSSLAND, DEUTSCHLAND, OBAMA

JJK: Hatte zwei Träume. Einmal sah ich wie Russland über Deutschland herfällt und alle deutschen Bürger auf grausamste Weise niedermetzelte und im zweiten Traumbild derselben Nacht sagte ich zu Obama:

»Was nun Herr Obama? Afrika hast du verloren und Europa hört nicht mehr auf dich?«

ERZENGEL MICHAEL: Dass Russland über Deutschland auf diese Weise herfällt, ist ein Szenario der »alten Seher« und betrifft niederschwingende Welten. Auch die Szene mit dem amerikanischen Präsidenten ereignet sich auf unterschiedlichen niederschwingenden Ebenen.

JJK: Vor allem die zweite Szene fühlt sich für mich aber sehr real an, da die USA ihren Einfluss in Afrika verlieren, China ist dabei, sich auf diesem Kontinent geschickt zu verankern, und auch Europa ist den USA gegenüber, wenngleich noch immer hündisch ergeben, so doch skeptischer geworden.

ERZENGEL MICHAEL: Viele Ereignisse gleichen sich und finden sowohl auf unteren wie oberen Erdhologrammen statt. Manche Ereignisse überlagern sich, ähneln sich bis zu einem bestimmten Punkt und einem bestimmten Grad in der Entwicklung, nehmen aber einen unterschiedlichen Ausgang.

JJK: Warum war ich in diese Szenen eingeschaltet?

ERZENGEL MICHAEL: Da du bis zum Übergang in die neue Welt und bis zuletzt auf diesen niederschwingenden Welten zeitweise zugegen bist und damit du über die vielen Varianten im Bilde bist.

WISSEN AUS DEM KOLLEKTIVBEWUSSTSEIN

Viele Lichtkrieger der ersten und letzten Stunde steigen ihren göttlichen Aufträgen gemäß regelmäßig in unterschiedliche Welten ein, um die Ereignisse zu verfolgen und sie für die Menschheit in einen großen kosmischen Kontext zu stellen.

In Träumen oder in Visionen, in Meditationen oder durch eindeutige Szenen oder Begegnungen im Alltag wird diesen Menschen dies eingespielt und bewusst gemacht. Dies ist Teil eurer Arbeit, damit ihr die Menschen — alle Menschen — auf das Kommende vorbereitet und damit sie sich darauf einschwingen können. Auch die, die von diesen Vorgängen bewusst keine Kenntnis besitzen, erhalten durch Veröffentlichungen wie diese auf unbewusster Ebene Wissen darüber, da es ihnen über das Kollektivbewusstsein der Menschheit zufließt.

Den Ausschlag gibt nicht, ob diese Menschen dies selbst auch lesen beziehungsweise ob es von Menschen irgendwo auf dieser Welt gelesen wurde. Alles ist eins, dieses kosmische Gesetz wirkt auf allen Ebenen des Seins. Energie zirkuliert unentwegt und das Freisetzen von Wissen erreicht immer weit mehr Menschen oder weit entlegenere Teile dieser Erde, als ihr euch dies gemeinhin vorstellt. Eure Arbeit ist also niemals vergeblich, auch wenn die große Schar der Menschen mit dem Aufstieg oder dem Wandel, der jetzt im Gange ist, auf bewusster Ebene kaum vertraut ist.

HEILT AUF ALLEN EBENEN

JJK: ***Was ist heute, an diesem Punkt in der Zeit und an diesem Punkt des Wandels, für die Menschen von größter Bedeutung?***

ERZENGEL MICHAEL: ***Selbsterkenntnis, Selbstbewusstsein, Selbstheilung auf allen Ebenen!***

Das ist immer noch der Punkt, das gibt den Ausschlag, darauf kommt es an. Der einzelne Mensch vermag alles, so er diese Tatsache begriffen hat und sein Leben vollständig danach ausrichtet. In erster Linie bedeutet dies, alle Kraft in die eigene Bewusstwerdung einzubringen. Das ist die Botschaft, ***es gibt nichts Bedeutenderes und Wichtigeres in diesen Tagen:***

Heilt eure Seelen, heilt eure Herzen, heilt eure Wesensteile auf allen Ebenen.

Dann habt ihr alles für euch selbst, für Mutter Erde und für die ganze Menschheit getan. Dann ist eure Rückkehr in das Licht ein mit absoluter Gewissheit zutreffendes Ereignis und dann ist euch die Gottesschau gegeben — wie einem Blinden nach langer Zeit das Augenlicht.

Ich bin ERZENGEL MICHAEL,
ich bin mitten unter euch,

ruft mich an, ich bin das Licht für die Menschen und die allgegenwärtige Kraft des Himmels — überall im Sein sowie auf Erden.

ERZENGEL MICHAEL

JJK:

Womit haben wir in der nächsten Zeit zu rechnen?

BABAJI:

Große Veränderungen. Viele Menschen verlassen diese Erde. Zerstörungen von unglaublichem Ausmaß. Wiedergeburt des neuen Menschen auf der neuen Erde.

GOTT HAT SEHNSUCHT NACH DIR

Gespräch mit BABAJI
21.07.2015

WANN KOMMT DIE REVOLUTION?

JJK: Was ist in den kommenden Monaten zu erwarten? Globale Krisen nehmen zu, der Überwachungsstaat wird immer weiter ausgebaut — und nun beginnt man sogar, das Bargeld abzuschaffen. Wann kommt die Revolution?

BABAJI: Die Revolution ist bereits im Gange. Lange schon. Heute nimmt diese Revolution einen etwas anderen Verlauf, da sich die Menschen, auf die es schließlich ankommt, darauf anders vorbereiten und anders vorbereitet werden.

JJK: Von wem werden diese Menschen vorbereitet?

BABAJI: Von den Aufgestiegenen Meistern und von vielen Kräften des Himmels. Das bedeutet für die, auf die es ankommt, große Transformationsprozesse und diese sind seit Langem im Gange.

JJK: Auf die es ankommt. Wer sind diese Menschen, wer ist gemeint?

BABAJI: Du, der du das liest:

DU BIST GEMEINT!

Transformation und Heilungen fließen dir zu, bis du so weit klar und von allen Unreinheiten gesäubert bist, dass du den Herausforderungen, die ein solcher Umbruch mit sich bringt, gewachsen bist. Wenn du den Eindruck hast, es dauert zu lange, dann mach dir bewusst, es ist gut, dass du noch Zeit hast, um dich in deine Kraft zu bringen und um zu heilen. Wenn sich die Ereignisse entladen und du deinen Teil dazu beitragen wirst, dann ist die Zeit für deine eigenen Klärungen um und du musst das erworbene Wissen anwenden. Dann gilt es glasklare und mutige Entschlüsse zu fassen und vor allem Entscheidungen zu treffen, die exakt mit deiner göttlichen Blaupause für diese Inkarnation übereinstimmen. Dann bleibt dir kaum Zeit für lange Überlegungen, auch Zweifel dürfen nicht mehr aufkeimen; und darauf wirst du, der du das jetzt liest, eingehend vorbereitet.

JJK: Ist wirklich jeder, der dies liest, angesprochen? Mancher wird sich jetzt wohl denken: »Also ich, als kleines Licht« soll gemeint sein?

Ich bin doch gar nicht in der Lage voranzugehen, das ist nicht das, was ich gewählt habe oder wozu ich imstande wäre?

BABAJI: Irrtum! Mit jedem Schritt der weiteren Transformation kommst du dem Wissen um deine tatsächlichen Aufträge und deiner tatsächlichen Kraft näher. Du wirst alles erkennen und es wird ganz anders sein, als du glaubst.

Deine Aufträge zeigen sich erst, so du davor nicht mehr erschrickst und grundlegend dazu in der Lage bist, diese auch anzunehmen.

Das heißt nicht, dass ein jeder Mensch auch danach handelt. Jedoch das Bewusstsein muss auf dieses Wissen vorbereitet sein, um eine klare und selbstbewusste Entscheidung treffen zu können.

Das spirituelle Erwachen ist die Voraussetzung dafür.
Jede andere Vorgangsweise hätte keinen Sinn.

Jedem Menschen, der seine Rolle im großen Spiel zu erfüllen hat, werden oder wurden seine Aufgaben, nachdem er ausreichend darauf vorbereitet wurde, enthüllt! Nicht jeder nimmt sie an, manche entscheiden sich anders. Die Vorbereitung darauf ist jedoch wesentlich. Daran führt, so jemand wissen möchte, wer er ist und was ihn auf diese Welt geführt hat, kein Weg vorbei.

Je konsequenter ihr eure Prozesse durchlauft, das bedeutet, dass ihr regelmäßig an eurer Bewusstwerdung arbeitet, desto näher ist der »Tag des Wissens.«

JJK: Manche Menschen, es sind wahrscheinlich gar nicht so wenige, sind in die »Selbstgefälligkeit« abgeglitten. Das heißt, viele Lichtkrieger glauben, sie wären bereits im Friedensreich angekommen, dabei haben sie nicht einmal damit begonnen, es zu erlangen. Was ist mit diesem Phänomen, dass so viele Lichtarbeiter das Wesen der Transformation nicht begreifen und sich selbst völlig falsch einschätzen?

BABAJI: Das ist die unbewusste Flucht vor tatsächlichen Veränderungen, die an die Wurzel gehen. Sie wollen das Wesen der Transformation nicht erfassen, da sie ihr bisheriges Leben und ihre lieb gewonnenen Gewohnheiten nicht ablegen, sondern fortführen wollen.

Dennoch werden auch diese Menschen auf anderen Wegen und zu anderen Zeiten zur Erkenntnis geführt. Dass manche Menschen einer »Fehleinschätzung« aufsitzen, wie du es beschreibst, hat noch einen bedeutenden Grund: Eintrübung der Gedanken, Schwächung der Wahrnehmung emotionaler und spiritueller IST-ZUSTÄNDE mittels diffuser Magnetfelder. Das heißt, viele Menschen werden von der Matrix aufgesogen, ohne es zu wissen, und bestimmte Ego-Programmierungen erledigen alles Weitere.

JJK: Und wie wirken hier die Schutzsymbole, die eigens dafür gegeben sind?

SYMBOLE, ÄNGSTE, ZWEIFEL & MEDITATION

BABAJI: Die Kraft und der Schutz, die davon ausgehen, korrespondieren immer mit der Seele des Menschen. Das heißt, wer die alten Denk- und Verhaltensweisen, Gewohnheiten und Meinungen nicht ablegen möchte, kann niemals das vollständige Heilungspotenzial eines Symbols abrufen. ***Symbole laden den Menschen dazu ein, sich für eine Heilung zu öffnen.*** Wäre es anders, so hätte niemand einen Anlass, bei sich etwas zu verändern. Das höchste Potenzial eines Symbols kann dann abgerufen werden, so ein Mensch sich ganz auf diese Energie einlässt und für jede Veränderung bereit ist. Dies geschieht vor allem auf Seelenebene und dafür bedarf es nicht automatisch einer bewussten Entscheidung.

JJK: Das heißt, die CB9 Energie

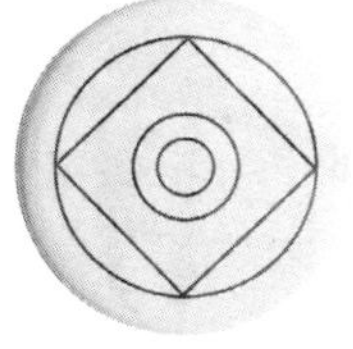

auf ein Stück Fleisch, eines zwecks Nahrungsaufnahme getöteten Tieres, zu stellen und zu glauben, dass sich dadurch alle Unreinheiten (Hormone, Antibiotika oder die Todesangst des Tieres) in Luft auflösen, ist ein Irrtum?

BABAJI: Mehr noch, das ist ein Missbrauch dieser hohen Energien! Ein Mensch, der so handelt, hat nichts verstanden.

JJK: ***Womit haben wir also in der nächsten Zeit zu rechnen, um auf die Eingangsfrage zurückzukommen?***

BABAJI: ***Große Veränderungen. Viele Menschen verlassen diese Erde. Zerstörungen von unglaublichem Ausmaß. Wiedergeburt des neuen Menschen auf der neuen Erde.***

JJK: Das könnte Ängste in manchen hervorrufen?

BABAJI: Ängste, die sich ein jeder genau anschauen darf. Wer seinen Platz und seine Aufgaben in diesem Endspiel kennt, der hat davon bereits Kenntnis. Wer sein Bewusstsein geweitet und mir geöffnet hat, der weiß, dass er ewig lebt und dass es den Tod nicht gibt. Diese Stufe der Bewusstheit ist von jedem, der »gemeint« ist, zu erklimmen.

Denn mit Ängsten, die der Vergänglichkeit des irdischen Körpers geschuldet sind, können die Treppen in das Licht nicht betreten, geschweige denn bewältigt werden.

Entfernt die in euch nagenden Selbstzweifel. Dann wird alles klar und verständlich. Kommt zu mir. Kommt.

JJK: Wie sind diese Zweifel zu entfernen und wie kommt man zu Dir?

BABAJI: **MEDITATION — TÄGLICH!**
MIT DEM GÖTTLICHEN LICHT ARBEITEN — TÄGLICH.

Wer von Zweifel geplagt wird, soll täglich meditieren, sich mit der Quelle verbinden und das Licht Gottes in sein Leben bitten.

JJK: Das Licht Gottes, dass Du bist ...

BABAJI: Das ist der Schlüssel.

JJK: Ich merke, dass das Gespräch ausklingt.

BABAJI: Genug für jetzt. Ja. Wer sehen will, wird sehen, wer blind bleiben möchte, bleibt es. Dies obliegt der Wahl des Menschen. Ein jeder Mensch erhält Gelegenheiten, das Licht zu sehen; selbst jene, die in tiefster Finsternis leben.

Gott weiß, wo Er Dich findet, gleich wie gut Du Dich auch versteckst. Gott sucht dich so lange auf, bis Du Sein Angebot, in das Licht zurückzukehren, annimmst.

Gott ist voller Sehnsucht nach Dir!

BABAJI

MIT MEINER LIEBE

Botschaft von BABAJI
05.07.2015

Ich stärke Dich!
Ich begleite Dich!
Ich hebe Dich empor!

Ich ermutige Dich!
Ich durchdringe Dich mit meiner Liebe!

Ich bin BABAJI

DER ALBTRAUM DIESER ZEIT IST AUSGETRÄUMT!

Nun erheben sich die Menschen über ihre eigenen Begrenzungen, das Schattenreich wird überwunden und das Licht kehrt zurück in eure Seelen.

Viele erreichen das Ziel, noch mehr verfehlen es und sie werden den Sieg des Lichts dennoch erfahren, zu gegebener Zeit — in deren Jetzt.

Der Wandel, die Transformation dieser Erde und des Menschengeschlechts haben die Ebene, auf der die Ereignisse durch die Augen des Menschen sichtbar werden, erreicht.

Was sich lange im Verborgenen aufbaute, zeigt nun sein Gesicht. So tritt in diesen Wochen die dunkle Seite bei vielen Menschen hervor und zugleich offenbart sich der Welt das Licht und die Schönheit jener, die nicht gewillt sind, sich von den Ereignissen der Zeit verschlingen zu lassen. Das göttliche Antlitz der Lichtkrieger blickt in die Fratze der Finsternis und in den Abgrund des Bösen.

Tage, Wochen und Monate von unvergänglichem Wert, Zeiten, die für die Erfahrungen und Involution eines Menschen einmalig, mit nichts zu vergleichen, und unwiederbringlich sind, sind angebrochen.

Darauf seid ihr gut vorbereitet, sowie ausreichend geschult worden; und ihr seid in die Vorhersehung Gottes eingebettet. Wo es keinen Ausweg zu geben scheint, weist euch Gott den Weg, wo die Hoffnung auf den Sieg des Lichts in euch erlischt, ist es Gott, der euch aufrichtet, euch mit Zuversicht erfüllt und mit neuem Leben.

Fürchtet keinen dieser nun bevorstehenden Tage, sondern begrüßt einen jeden!

ZENTRIERT EUCH IN GOTT

Schreckt niemals zurück, so euch große Ereignisse den Atem rauben oder den Boden unter den Füßen wegzuziehen drohen. Wird euer Sichtfeld eingetrübt und beginnt eure Unterscheidungskraft nachzulassen, zentriert euch in Gott, damit alle göttlichen Attribute hervortreten und euch in das Zentrum allen Seins zurückbewegen. Damit ihr Kraft, Erdung und Mut, Hingabe, Vertrauen und Zuversicht niemals verliert.

Jedes sich entladende Ereignis bringt euch dem Himmel näher, da die Finsternis erlöst und das Böse von dieser Welt hinweg genommen werden.

Die Vorbereitungen für diesen Moment in der Gnade Gottes waren umfassend und sind heute so weit gediehen, dass sich ereignen kann, was euch seit tausenden von Jahren angekündigt ist. Vor der Befreiung aus der Matrix nimmt die Umklammerung derselben zu und vor dem Aufstieg tun sich unbekannte Abgründe auf, um euch hinabzuziehen.

So bleibt am Posten, wachsam und bereit, denn das Ende dieser Zeit kommt plötzlich und die Fanfaren Gottes, die die neue Zeit ankündigen, erklingen wie aus dem Nichts.

Während der Eine auf dem Felde dient und der Andere am Schlachtfeld kämpft, fällt der letzte Vorhang. Aus und vorbei, in Stunden vollzieht sich, was Jahrtausende auf sich warten ließ.

Die tiefe Gottes-Sehnsucht der Erwachten ebnet den Zweiflern und den Unbestimmten einen neuen Weg. So werden sich in diesen nahen Stunden manche über Brücken wagen, die sie bisher nicht betraten, und sie werden Gott erkennen im letzten Augenblick.

DIE GNADE GOTTES IST ALLGEGENWÄRTIG

Tage voller Wunder, Wochen voller Wendungen und Monate einer neuen Wirklichkeit sind angebrochen.

Wer das Göttliche erkennt und tief in seine Seele blicken kann, weiß, wovon ich euch hier spreche. Jetzt beginnt sich diese Erde zu wölben, der Himmel senkt sich herab, Wasser fließt und reinigt, Feuer brennt und transformiert; oben wird unten und unten wird oben, die Gegensätze treten überdeutlich hervor, ehe sie sich auf Geheiß Gottes mit einem Male auflösen.

Danach ist diese Erde nicht wiederzuerkennen. Alles ist neu, und alles, was bisher unumstößlich schien, ist umgestoßen. Nur die Erinnerung an eine Zeit, in der ihr mit wenigen Mitteln viel erlangt und durch die Öffnung eures Bewusstseins den Sieg des Lichts errungen habt, bleibt.

Licht, Frieden und Mitgefühl regieren unter den auf der neuen Erde angekommenen Menschen und sie erschaffen das Himmelreich: für sich selbst, für die Nachkommen und für die Nachkommen der Nachkommen. Die große Friedenszeit beginnt, das Licht wirft keine Schatten mehr und ist die Nahrung aller Wesen.

Wer durch die Schule des Lebens einer niedrigschwingenden Welt gegangen ist und diese absolviert hat, wird in den Kreis der Aufgestiegenen Meister aufgenommen und wird mit neuen Aufgaben ausgestattet. Mancher kehrt zurück zu seinen menschlichen Geschwistern, mancher setzt die Reise in anderen Welten fort. Jedoch alle kehrt ihr zurück zu Gott und ihr schaut Seine Herrlichkeit.

Für den, der seinen freien Willen dafür verwendet, um als Werkzeug Gottes zu dienen, schließt sich auf dieser Ebene der letzte Kreis; und währenddessen verändert sich der Lauf der Welt: Zerfall, Zerstörung, Untergang — Wiedergeburt, Neubegründung, Aufstieg. Wir sind in diese Phase eingetreten.

Das menschliche Auge wird sehen, was der Verstand nicht begreifen kann. Nur die Meister unter den Menschen werden ihren Augen trauen und begreifen, was gemeinhin unbegreiflich bleibt.

Erlangt also die Meisterschaft, solange die Zeit dafür noch ausreicht und solange die Fenster der Gelegenheiten offenstehen.

Geht weiter, reinigt euch und schafft Klarheit in euch selbst. Erkennt was richtig ist, was falsch, und lasst nicht nach, die Schatten aufzulösen und Licht zu werden durch und durch — bis jede Zelle in der Schwingung Gottes vibriert.

Die Meisterschaft wird durch den Lichtfluss in euer Wesen und durch die Liebe zu euren Mitmenschen erlangt. So dient euch selbst mit Licht und dient der Menschheit aus Liebe, damit euch das Geschenk am Ende dieses Weges übergeben werden kann: Erleuchtung.

Ich bin ALLES-WAS-IST
Ich bin BABAJI

IN MEINER OBHUT

Botschaft von BABAJI
14.07.2015

Die große Reinigung setzt sich in diesen Tagen fort und es beginnt sich abzuzeichnen, was kommen wird und kommen muss.

Ich bin BABAJI

Der tatsächliche Gehalt der Zeit wird heute von immer mehr Menschen erkannt und aus den erlösten Menschenherzen fließt die Zuversicht zu allen, die entmutigt sind, und es fließt die Liebe.
Die Entladungen der Zeit werden heute von immer mehr Menschen als logische Folge der vorangegangenen Ereignisse erfahren und nicht mehr als überraschende Vorkommnisse, denen ihr euch ohnmächtig und schutzlos ausgeliefert seht.

Ein neues Bewusstsein hat viele Krieger des Lichts erfasst! Durchwirkt vom göttlichen Licht, bleibt ihr auf den Schlachtfeldern dieser Zeit stehen und ihr bleibt frei von Verwundungen, da ihr diese Matrix innerlich überwunden habt und den Menschen, die ganz von dieser Welt absorbiert wurden, dient.

Ein Dienst der Liebe, damit sich so wenige wie nur möglich verlieren und so viele wie nur möglich auf einer höheren Ebene des Seins einfinden. Diese Liebe zu den Menschen ist aus der Einheit allen Lebens geboren und sie offenbart sich jetzt auf dieser Welt.

Ihr, die ihr heute an vorderster Linie durch eure Kraft und durch euer Licht Mutter Erde und der Menschheit dient, sollt diese Arbeit, ohne dass euch dunkle Störfelder erreichen, verrichten.

VERBINDE DICH MIT MIR!

1.) Dafür fordere ich dich erstens auf, dich innerlich mit mir zu verbinden. Meine Gegenwart erzeugt in deinem Leben das geeignete Energiefeld, damit du von Ängsten frei bleibst und damit dich die Bilder dieser Matrix weder berühren noch beeindrucken oder dich in deinen Handlungen beeinflussen.
Immer wenn unklare Emotionen oder Gedanken, nicht zuzuordnende Empfindungen oder Impulse in dir auftauchen, um deine Kraft zu mindern und dein Licht zu schwächen, trete ich in Erscheinung. Was du in dir selbst erlöst hast, soll nicht länger wie in einer Endlosschleife von außen zu dir durchdringen.

Diese Ebene der Transformation haben manche Lichtkrieger bereits erreicht und an diese Menschen richtet sich diese Aufforderung und wendet sich mein Angebot.

Geht diesen letzten Teil des Weges mit mir! Mir ist möglich, was dir auf dieser Ebene des Seins unmöglich ist, und ich mache möglich, was für diese Ebene unmöglich erscheint.

Die absolute Begleitung des Himmels ist dir gegeben, damit du deinen Weg vollenden und dein Werk verrichten kannst.

SPANNUNG UND ENTSPANNUNG

2.) Zweitens fordere ich dich auf, die Meditationen mit dem aktivierten »Kristallwürfel des Aufstiegs« regelmäßig zu betreiben! Und regelmäßig heißt, sobald du ein Thema erlöst und integriert hast, mit den Heilungen fortzufahren. Wesentlich dabei ist die Kenntnis, dass jede Heilung Zeit benötigt, bis alles erkannt und vor allem in dein Wesen integriert ist. Entscheide dich für Pausen, die du dafür benötigst, und gehe den Weg der Transformation dennoch zügig weiter.

Vermeide »Pausen aus Faulheit«. Pausen, in denen du dich von der getanen Arbeit erholst und neue Kräfte sammelst, sind jedoch unerlässlich, denn zum Erfüllen deiner

Aufträge benötigst du Spannung und Entspannung. Kein Bogen kann auf Dauer gespannt bleiben und so kann sich auch kein Lichtkrieger auf Dauer im Spannungsfeld dieser Raumzeit bewegen.

Erkenne diese Zusammenhänge und beobachte präzise, unverstellt und klar, was ist, denn:

Wer bei sich selbst die richtigen Zuordnungen erkennt, der meistert auch die Illusionen dieser Welt mit Bravour.

Dann wirst du immer die richtige Entscheidung treffen und auch das richtige Transformationstempo aufnehmen. Übereile nichts und überwinde jede Trägheit, dann schreitest du zügig deiner Vollendung entgegen.

Gebt diesem Geschenk aus eurer Zeit in Atlantis einen festen Platz in eurem Leben.

NIMM DEINEN PLATZ EIN!

3.) Als dritten Punkt fordere ich alle Lichtwesenheiten, die noch unbestimmt sind und von ihren himmlischen Aufträgen geringe oder keine Kenntnis besitzen, auf, mit aller Kraft danach zu streben. Es gilt euren Platz in der menschlichen Gesellschaft zu erkennen und einzunehmen.

Ein jeder Mensch, der heute seine ihm vom Himmel zugewiesenen Aufgaben erkennen und leben möchte, wird dieses Wissen erhalten und durch intensive Bewusstseinsarbeit darauf vorbereitet.
Wahr ist: ***Deine Aufgaben enthüllen sich, sobald du ausreichend darauf vorbereitet bist!***

Somit schließe ich die Botschaft dieser Zeit, die voller Weggabelungen für die Menschen ist und voller Wendungen für die Welt.

Wichtige Entscheidungen sind zu treffen, richtungsweisende Ereignisse stehen bevor, denn die letzten Tage der Menschheit sind im Gange! Das große Drama im irdischen Spiel ist entfesselt.

Wer sich mir aus ganzem Herzen anvertraut, dem wird mein allmächtiger Schutz zuteil.

In meiner Obhut veredelt sich dein Leben, denn wo ich bin, bist du, und wo du bist, bin ich. Arbeite weiter, schreite voran! Die Welt erhebt sich, nach einer schier unendlich andauernden Zeitspanne der Vorbereitungen, in einem Augenblick.

Vertraue, sei mutig und zentriere dich in Gott,
der ich bin BABAJI

Ich bin allgegenwärtig auf Erden.

Spirituelles Erwachen
findet immer am Ende
einer menschlichen Reise
statt und ist nicht
an deren Beginn!

BABAJI

PUBLIKATIONEN JAHN J KASSL

DIE JESUS BIOGRAFIE – TEIL I
(Smaragd Verlag, 2008, gebundene Ausgabe)

LICHT I – HEILUNG DURCH GOTT
(Smaragd Verlag, 2008, gebundene Ausgabe, eBOOK, 2011, Lichtweltverlag)

LICHT II
(Lichtweltverlag, 2009, gebundene Ausgabe, 2010 eBOOK)

2026
(Lichtweltverlag, 2010, eBOOK, 2011, gebundene Ausgabe)

DIE JESUS BIOGRAFIE – TEIL II
(Lichtweltverlag, 2010, eBOOK, 2011, gebundene Ausgabe)

OFFENBARUNGEN SANANDA – TEIL I
(Lichtweltverlag, 2010, eBOOK)

DER LICHTNAHRUNGSPROZESS
– GRENZERFAHRUNG IN 21 TAGEN
(Lichtweltverlag, 2011, eBOOK)

13 SCHLÜSSEL ZUM LEBEN
(Lichtweltverlag, 2011, eBOOK)

30 TORE ZUR ERLEUCHTUNG
(Lichtweltverlag, 2012, eBOOK)

KURS IM KREIEREN – PAUL DER VENEZIANER
(Lichtweltverlag, 2012, eBOOK)

KURS ZUR FREIHEIT – BABAJI
(Lichtweltverlag, 2012, eBOOK)

OFFENBARUNGEN SANANDA — TEIL II
(Lichtweltverlag, 2012, eBOOK)

TROMMELSCHLAG DES SCHÖPFERS
(Lichtweltverlag, 2013, eBOOK)

ELIJA PROPHEZEIUNGEN 1—48
(Lichtweltverlag, 2013, eBOOK)

LEBEN, BAND I
(Lichtweltverlag, 2013, gebundene Ausgabe, 2014 eBOOK)

TELOS, WILLKOMEN IN AGARTHA
(Lichtweltverlag, 2014, gebundene Ausgabe, 2015 eBOOK)

ELIJA PROPHEZEIUNGEN 49—65,
FÜR ALLE 4D-WELTEN BIS IN DAS JAHR 3000
(Lichtweltverlag, 2014, eBOOK)

KRISTALLWÜRFEL DES AUFSTIEGS — BILDBAND ALS ARBEITSBUCH
(Lichtweltverlag, 2015, Sondereinband)

Alle Titel erhältlich im Lichtweltverlag — www.lichtweltverlag.com